Druck:
CPI Druckdienstleistungen GmbH
im Auftrag der
Zeitfracht Medien GmbH
Ein Unternehmen der Zeitfracht - Gruppe
Ferdinand-Jühlke-Str. 7
99095 Erfurt

MIX
Papier | Fördert
gute Waldnutzung
FSC® C083411

Zeitfracht Medien GmbH
Ferdinand-Jühlke-Straße 7
99095 Erfurt, Deutschland
produktsicherheit@kolibri360.de

سماح خليفة

"قصيدة الأعشى "أوصلتَ صُرمَ الحبلِ من سَلمى لِطولِ جِنابِها

سماح خليفة

قصيدة الأعشى "أوصلتَ صُرمَ الحبلِ من سَلمى لِطولِ جِنابِها"

دراسة تحليلية نقدية وفق المنهج الأسطوري

Noor Publishing

Imprint

Cover image: www.ingimage.com

Publisher:
Noor Publishing
is a trademark of
Dodo Books Indian Ocean Ltd. and OmniScriptum S.R.L publishing group

120 High Road, East Finchley, London, N2 9ED, United Kingdom
Str. Armeneasca 28/1, office 1, Chisinau MD-2012, Republic of Moldova, Europe
Printed at: see last page
ISBN: 978-620-4-72130-9

قصيدة الأعشى

"أوصلتَ صُرمَ الحبلِ من   سَلمى لِطولِ جِنابِها"

دراسة تحليلية نقدية وفق المنهج الأسطوري

سماح خليفة

2022

فهرس المحتويات

المقدمة

بالرغم من نزوع شعرائنا في العصر الحديث إلى الميثوبيا، وصنع الأسطورة، باستخدامهم المنهج الأسطوري في شعرهم، مما جعل القصيدة في اشتباك محموم مع سؤال الوجود، وضاعف إشعاعها الوهاج، وجمالياتها، وديمومتها، إلا أن ذلك لم يغنِ المتذوق للشعر، وكذلك الدارسين، والشعراء أنفسهم من الرجوع إلى القصيدة الجاهلية، والانغماس في لذة إبداعها.

فتوظيف الأسطورة في الشعر الجاهلي كان منمازا بشكل كبير، فهي مثّلت علاقاتهم بالكائنات، وتفاعلهم مع طبيعة بلادهم الصحراوية، فقدّس الجاهلي الحجر والشجر والحيوان، وكانت الطبيعة، الأم الكبرى، مصدر إلهامهم، وآرائهم وأفكارهم في الحياة، وبالتالي معبوداتهم، لانغماسها في الدين، فكانت ملهمتهم في الشعر والأدب، وشكّلت رصيدهم الفكري، والذي تركز في مجمله حول المرأة والطبيعة مصدر الخصوبة، وأصل الخلق، وديمومته.

ومما سبق فإنّ الدراسات التي قامت على الجانب الأسطوري تؤكد أن للتشبيب بالمرأة، أصولا ضاربة الجذور في أساطير العرب قبل الإسلام بزمن، وأنَّ التغزل بسلمى، وسعاد، ولبنى، وأم عمر، وغيرهنّ، إنما هو ترميز لآلهة كانت تعبد في الجاهلية الأولى، والتي تنطلق في مركزيتها من الإلهة الكبرى، الطبيعة الأم، مكمن الخصوبة والعطاء.

وقد يأتي الشاعر بصوره المعبرة عن هذه الرمزية الأسطورية بدون وعي منه، وتوجيه ذلك يتضح فيما ذهب إليه العالم النفسي جوستاف يونغ، بأن الأنماط البدائية هي أشكال رمزية متساوية موجودة على نطاق كوني في الحياة النفسية للإنسان، متجسدة في اللاوعي الجمعي الذي تشترك فيه ذات الفرد بصورة لا إرادية، وعن طريق الأحلام، والأساطير، والسحر، والطقس، والفن، تفصح هذه الأشكال عن نفسها، وبالتالي فإن لمشاعرنا وخبراتنا المتراكمة، وتصرفاتنا، والتي هي جزء من الإرث البشري، أن تكون فاعلة في نشأة هذا النوع من الأدب، وديمومته، وتماسكه، بمنتهى الدقة بفضل تلك الرمزية[1].

ومن هنا فقد ارتأت الباحثة أن تسلّط الضوء على قصيدة من العصر الجاهلي تماهت فيها الأسطورة، فكانت مخزونا للجمال الأسطوري الأنثوي، والإلهة المعبودة، وفق تصور الإنسان

---

[1]رايتر، وليم: **الأسطورة والأدب**. ترجمة: صبار سعدون السعدون. بغداد: دار الشؤون الثقافية العامة. ص36.

الجاهلي في ذلك الحين، إلى حد شغل أذهان الدارسين والمتذوقين والشعراء، لكنها لم تشغل أقلامهم، إلا في بضع إشارات وقراءات، لم تفِ قصيدة الأعشى التي مطلعها:

"أوصلتَ صُرمَ الحبلِ من سَلمى لِطولِ جِنابِها[1]"، حقّها.

وبناء على ما سبق فقد جعلت الباحثة بحثها في مقدمة، وتمهيد، وفصلين، وخاتمة. تتبعت في التمهيد مغامرات الإنسان البدئية ومراحل وعية، ثم انتقلت في الفصل الأول لتوضيح الأسطورة، ونشأتها، ولجوء الشعراء إليها، أما الفصل الثاني فكان تطبيقيًّا، تطرقت فيه إلى نبذة عن حياة الشاعر، وعرض القصيدة موضوع الدراسة، ثم تناولت القصيدة بالدراسة والتحليل وفق المنهج الأسطوري، بما يكشف المحبوبة الأنثى والإلهة الأسطورة في القصيدة، إلى أن انتهت الباحثة بخاتمة عرضت فيها أهم النتائج، والإجابات، على التساؤلات التي طرحتها، والتي منها:

- ما هي حقيقة الأسطورة؟

- لماذا يلجأ الشاعر الجاهلي إلى توظيف الأسطورة في شعره؟

- لماذا يبدأ الشاعر الجاهلي قصيدته بغرضه الشعري من أرض الواقع، ثم لا يلبث أن ينحى منحى أسطوريا غارقا في الرمزية؟

- كيف وظف الأعشى الأساطير في قصيدته؟

- ما الإشارات التي أسطرت (سلمى) في قصيدة الأعشى؟

---

[1] قيس، ميمون: **ديوان الأعشى الكبير**. شرح وتحقيق: د. محمد حسين. المطبعة النموذجية. 1977م. ص5.

تمهيد

منذ أن خُلق الإنسان وهو يسعى إلى البقاء، والحياة، والاستمرارية، بفطرته التي فطره الله عليها، وكثيرًا ما شغلته فكرة الوجود، وأرهبته فكرة الفناء والموت. وأول لذة ومغامرة عاشها الإنسان (آدم) _وفق المنظور الإسلامي_ وسعى إليها، هي لذة الطعام المتمثلة في التفاحة، ليكمل حياته فيما بعد على الأرض بلذة الطعام ولذة الجنس مع زوجه (حواء) "ليليث زوجة آدم الأولى قبل حواء وفقا لزعم العبرانيين في بعض الأساطير البابلية[1]"، حواء التي احتوته فسكن إليها، وأدرك خصوبتها، وقدرتها على العطاء، ومدّه بالنسل البشري الذي يضمن استمراريته، وبقاءه.

ومن هنا، مرورا بمحطات حياة الإنسان القديم، نجده قد ربط الأرض التي تمنحه خصوبة الطبيعة، والطعام، والزرع بما في جوفها من بذور، بالمرأة التي تمنحه الخصوبة، والنسل البشري، واستمراريته، بالولادة والتكاثر، وأدرك أن حياته منوطة بالأرض، والمرأة الأنثى الولود، فقدّس فكرة الإخصاب في كلتيهما، فضلا عن نسجه لأساطير الخلق الأولى، وعبد الالهة (الأم الكبرى) (الأنثى الكونية) التي تتربع على عرش الآلهة، ثم أخذ يجسدها فيما بعد بتماثيل منحوتة في العصر الحجري (الباليوليتي)، وما بعده بوضعيات تبرز أعضاءها، وتجسد فكرة الخصوبة والعطاء، وعندما عرف الكتابة فيما بعد قدمها إلينا في فنونه بصور شتى، وأخبرنا بأسمائها التي أسقطها عليها.

فكانت المرأة الأنثى مركز الحب والعطاء والخصوبة والرغبة، وكذلك الرهبة، والخوف من غضبها، أو فقدانها، ففي جسدها منشأ الحياة الجديدة، ومن صدرها تغذي بحليبها تلك الحياة. لهذا نجد كل الديانات بدأت بالأم الكبرى، وانبثقت العلاقة بين عالم البشر، وعالم الآلهة (التي بدأت بفكرة الأنوثة والخصوبة)، فظهرت الإلهة الأنثى في الأساطير القديمة، كما "في أسطورة التكوين السومرية؛ تمثلت الأم الكبرى في إنانا آلهة الخصب، والطبيعة، وأما أسطورة التكوين البابلية فكانت تعامة، وعشتار التي تقابل إنانا، وفي كنعان كانت عناة وعستارت. وعند الإغريق

---

[1] عبود، حنا: **النظرية الأدبية الحديثة والنقد الأسطوري**. منشورات اتحاد الكتاب. 1999. ص149

كانت أرتيميس وأفروديت...، وفي روما كانت سيريس وفينوس، وفي الهند كالي، وأما لدى العرب فتمثلت بـ"اللات، والعزى، ومناة."[1]

استمرت هذه الثقافة الأمومية وتمثلاتها –التي انحدرت من الأم الكبرى، وظلت مرتبطة بالمرأة، وخصوبتها –في حضارات الشعوب القديمة، وتوارثتها الحضارات، فيما بعد، إلى أن تجلت في حضارة الإنسان الجاهلي، وأشعاره، وأدبه، بل نستطيع أن نقول: إنها مازالت ماثلة حتى عصرنا هذا.

وهكذا يتجلى لنا أنّ "الخصوبة هي المكوّن الفكري للإنسان الجاهلي في نظرته للمرأة، وهي الرؤية الجوهرية لصورتها، منها كان المنبع وإليها كان التصوير، ولا يخفى انسجام هذه الرؤية مع رؤية الإنسان القديم لها[2]"

وإذا ما تتبعنا الشعر الجاهلي نجد أن المرأة هي المكون الأساس للقصيدة الجاهلية، وهي الملهم الأكبر في تكوين أغراض القصيدة وصورها، ويتجسد هذا المكون في عملية إبداع خلاقة، قد تكون واعية، وقد يكون السواد الأعظم فيها لا شعوريا، غير واعية، خارجة عن سيطرة المبدع، "ترتبط بالأحلام والرغبات المكبوتة، والذكريات الماضية، التي استقرت في اللاوعي دون أن يستطيع العقل المفكر الوصول إليها[3]".

---

[1] السواح، فراس: **لغز عشتار، الألوهة المؤنثة وأصل الدين والأسطورة**. ط8. دمشق–سورية: دار علاء الدين للنشر والتوزيع. 2002م. ص27

[2] الديك، إحسان: **الأسطورة في الشعر الجاهلي**. جامعة النجاح الوطنية. 2016م. ص6

[3] ناجح، محمد: **الإبداع والتلقي في الشعر الجاهلي**. رسالة ماجستير. جامعة النجاح الوطنية. 2004م. ص19

الفصل الأول

الأسطورة: مفهومها، ونشأتها، وتمثلها في الشعر الجاهلي.

مفهوم الأسطورة

الأسطورة واقعة ثقافية شديدة التعقيد، يمكن تفسيرها من منظورات مختلفة، وهي من المصطلحات التي لاقت اهتماما كبيرا من قبل الدارسين، ومن هنا فقد تعددت تعريفاتها، وكذلك مرجعياتها. بيد أن المتفق عليه في كل ما ذهب إليه علماء الميثولوجيا، والدارسون، والفلاسفة، أن الأسطورة قصة خيالية من زمن البدايات، قوامها الخوارق التي لا يتقبلها العقل، بأبطالها الخارقين؛ فهي تحكي أحداثا خارقة لكائنات خارقة من الآلهة وأنصاف الآلهة، في محاولة الإنسان البدائي لتفسير الظواهر الكونية الغامضة فيما يتعلق بالخلق، والآلهة، والكون، والموت، والحياة[1].

يرى الباحث الألماني (هيرمان جونكل) أنّ "الأساطير قصص عن الآلهة، وهي تتميز عن الحكايات البطولية، بكون شخصيات الأخيرة من البشر[2]". في حين يرى (جوزيف كامبل) أن الأسطورة: "سرد للحوادث التي انخرط فيها الناس بوجودهم كلّه حتى الصميم[3]". أمّا (صموئيل نوح كريمر) فيرى أنّ: الأساطير تمثل وحدة من أعمق منجزات الروح الإنسانية، وهو الخلق الملهم لعقول شاعرية خيالية موهوبة، سليمة لم يفسدها تيار الفحص العلمي، ولا العقلية التحليلية، ولذلك كانت مفتوحة، وعرضة لتأملات كونية عقلية احتجبت عن الإنسان المفكر الحديث بحكم حدوده المقيدة[4]".

وإذا ما ذهبنا إلى فراس السّواح نجده يعرّف الأسطورة بأنّها: حكاية مقدسة يلعب أدوارها الآلهة، وأنصاف الآلهة، أحداثها ليست مصنوعة أو متخيلة، بل وقائع حصلت في الأزمنة الأولى

---

[1] ينظر: عبد العزيز، كارم محمود: **أساطير العالم القديم**. ط1. الجيزة: مكتبة النافذة. 2007م. ص20-33.

[2] كامبل، جوزيف: **الأساطير والأحلام والدين**. ترجمة: حسن صقر. ميساء صقر. ط1. دمشق: دار الكلمة. 2001م. ص150.

[3] المرجع نفسه. ص48.

[4] كريمر، صموئيل نوح: **أساطير العالم القديم**. ترجمة: أحمد عبد الحميد يوسف. القاهرة: الهيئة المصرية العامة للكتاب. 1974م. ص7-8.

المقدسة، إنّها الأفعال التي أخرجت الكون من لجّة العماء، وهي حكاية مقدّسة انتقلت من جيل إلى جيل بالمشافهة[1].

ولا يفوتنا أن الأساطير تُعدّ جزءًا لا يتجزّأ من تراثنا، لكنها لم تحظ بالكثير من الاهتمام؛ لأنها في نظر الكثيرين من اللامعقول في التراث، وهي من العقائد الباطلة، ومع مرور الوقت ودراسة الأساطير بمنهج علمي أصبحت من أهم أعمدة التراث، وغالبا ما نجد فيها مشاعر إنسانية جيّاشة، وأحاسيس وتصوّرات ومواقف تطلعنا على فلسفة الإنسان في الوجود، وعلى محاولاته الفكريّة الأولى، والتي تتضمن خلاصة تجاربه، وماضيه، فالأسطورة تسجيل للوعي الإنساني، واللاوعي في آن معا[2].

وللأساطير والمعتقدات المتعلقة بالسحر، والتعاويذ جذور كنعانية اختلطت بها الأسطورة بالدّين، وشكّلت أحد أهم ملامح الحياة الاجتماعية قبل آلاف السّنين[3]. والتفكير الأسطوري محاولة أولية لتعقّل المثيرات الحسيّة الناتجة عن تفاعل الإنسان مع محيطه الاجتماعي عامّة، والطبيعي خاصّة[4].

وليس كل القصص القديمة أساطير، فمن الضروري أن تتوافر للأسطورة عناصرها المتمثلة في عوالم الأرباب والآلهة، وكذلك الخلفيات الدينية والسماوية.

تتنوع مضامين الأساطير دون أن يفقدها تنوعها ميزتها الرمزية، وقد اتكأ عليها الشعراء للتعبير عن قضايا فردية، وجماعية، تتجسد فيها البطولة، والقدرة على الصمود.

---

[1] ينظر: السواح، فراس: **مغامرة العقل الأول**. **ط1**. بيروت: دار الكلمة للنشر. 1980م. ص20-19

[2] ينظر: القمني، سيد: **الأسطورة والتراث**. ط1. القاهرة: سينا للنشر والتوزيع. 1992. ص19-21.

[3] الباشا، حسن ومحمد السهلي: **المعتقدات الشعبية في التراث العربي**، 1991م، ص161.

[4] عباس، فيصل: **الفلسفة والإنسان – جدليّة العلاقة بين الإنسان والحضارة**. ط1. بيروت: دار الفكر. 1996م. ص45.

وأشكال الشعر كما يعتقد (كانط) محض ترديدات وترانيم، يقصد بها السحر، ومخاطبة المجهول، ومطابقا للأسطورة التي أطلقت الروح كي تقترب من قوى المجهول، وتقيم جسور الصّلة بينها، والشعر مثل الأسطورة ناتج عن محاولة فهم العالم[1].

والأساطير، والخرافات، والأقاصيص المتعلقة بالآلهة، لها دور مهم في تثبيت الكيان الحضاري للمجتمعات القديمة، من خلال انتقالها من عصر إلى آخر. وأبطال الأسطورة عادة من الجن والملائكة، أمّا الخرافة، والحكاية الشعبية، فيكون أبطالها من الإنس، والجن[2].

والأسطورة هي القصة القديمة التي تحكي عن أفعال مرتبة، تحدثها قوى ما فوق الطبيعة، ولها عالمها الخاص، والموضوع الذي تدور حوله إما أن يكون ممارسة دينية، أو تعليلا لظاهرة، أو سردا لأحداث موغلة في القدم. وقد كان للعرب القدماء أساطيرهم الخاصة التي ترتبط بمعبوداتهم، وأحداث حياتهم[3].

وتتحدث الأسطورة عن أحداث ووقائع حصلت منذ نشوء العالم، وبقيت سارية بوصفها أساسا وغاية لكل ما هو موجود، فالأسطورة قوة أو منظومة ثقافية، ونظام فكري متكامل استوعب قلق الإنسان الوجودي، وتوقه الأبدي لكشف الغوامض التي يتحدّاه فيها التنظيم الكوني[4].

ولعل أهم ما يميز الأسطورة، ارتباطها بالطبيعة وتحديد علاقة الإنسان بالمقدس، سواء أكان بطلا أو إلها، وتوضح الكيفية التي تشكل فيها العالم، والكيفية التي ظهرت فيها الأشياء للوجود، فتقوم بتجسيد القوى غير المفهومة في شكل آلهة، أو أنصاف آلهة، أو كائنات خارقة للعادة. ولا شك أن كثير من الأساطير فرضت سطوتها على مختلف الأجناس الأدبية ومنها الشعر، مثل: عشتار، وتموز، وأدونيس، وسيزيفوس، وغيرها.

---

[1] خليفة، أحمد: **الأسطورة في الشعر الأردني الحديث**. رسالة ماجستير. الأردن: الجامعة الأردنية. 1996م.

[2] حسين، فضيلة: **فكرة الأسطورة وكتابة التاريخ**. عمان: دار اليازوري للنشر. 2009م. ص28.

[3] البطل، علي: **الرمز الأسطوري في شعر بدر شاكر السياب**. ط1. الكويت: شركة الربيعان للنشر والتوزيع. 1982م. ص28-27.

[4] خليل، لؤي: ***العجائبي والأسطورة دراسة في التباس المفهوم***. مجلة الآداب. العدد 9، 2007م. ص60.

نشأة الأسطورة

لم يتفق العلماء، والدارسون على أسباب محددة في تفسير نشأة الأساطير؛ بدايتها، وأسبابها، حيث يرى (جيمس فريزر) و(إدوارد تيلور) "أن كلمة الأسطورة ترتبط ببداية الإنسانية، حيث كان البشر يمارسون السحر، ويؤدون طقوسهم الدينية، التي كانت سعيًا فكريًّا؛ لتفسير ظواهر الطبيعة، ولكن (هربرت ريد) يؤكد أن فريزر وتلاميذه يخطئون في زعمهم أن أساطير الأولين كانت محاولة لتفسير ظواهر الكون، والإجابة عن أسئلة وجودية، وتفسير الغموض القائم لمظاهر الطبيعة[1]. ولويس هورتيك يقرر أن الأسطورة التي هي الفترة الدينية للجيولوجيا وعلم الحيوان نشأت على أطلال كانت يوما قصورا أو مدنا عامرة[2].

ويؤيد ذلك(ليفي برول) قائلا: "لم تنشأ الأساطير والطقوس الجنائزية وعمليات السحر – فيما يبدو – عن حاجة الرجل البدائي إلى تفسير الظواهر الطبيعية تفسيرا قائما على العقل، لكن نشأت استجابة لعواطف الجماعة القاهرة[3]". فيقول شكري عياد في الأسطورة هي "الجزء القولي المصاحب للطقوس الدينية[4]"، أو هي "التعبير القولي عما يمارس عملا في الطقوس القبلية، الذي تقوم عليه الجماعة[5]".

ويتفق أحمد كمال زكي، كذلك، مع ليفي برول، حيث يرفض ربط الأسطورة بمحاولات الإنسان البدائية لتفسير ظواهر الطبيعة، فالإنسان الأول لم يحاول-بدئيا-أن يفسر ظواهر الطبيعة؛ لأنه كان لا يعرف مجالا مستقلا عن نفسه لها، ولم يلفته شيء منها حتى شبّ عن طوقه، وأدرك أن ثمة أمورا تحتاج إلى المناقشة المفصلة[6].

---

[1] إبراهيم، محمد حمدي: **نظريات الدراما الإغريقية**. ط1. الشركة المصرية العالمية للنشر. 1994م. ص33

[2] ينظر: هورتيك، لويس: **الفن والأدب**. ترجمة: بدر الدين الرفاعي. ط1. دمشق: 1965م. ص54.

[3] ريد، هربرت: **الفن والمجتمع**. ترجمة: فتح الباب عبد الحليم. مطبعة شباب محمد (ص). ص27.

[4] عياد، شكري: **البطل في الأدب والأساطير**. **القاهرة**: دار المعرفة. 1968م. ص85

[5] المرجع نفسه. ص807

[6] زكي، أحمد كمال: **الأساطير**. القاهرة: دار الكاتب العربي للطباعة والنشر. 1967م. ص3

عرف الإنسان الأول الأسطورة بمفهوم يختلف كل الاختلاف عن الأسطورة التي عرفها بعد أن نما، واشتد عوده. فقد كانت الأسطورة في طورها الأول جزءا من طقوس العبادة داخل المعبد، أو أمام المذبح، أو قبالة سيل جارف، أو على حافة قفر يحتاج إلى الاستمرار ليخضر. وأما الأسطورة في طورها الثاني، والتي استخدمت للتعليل، وللرمز، ثم للإشادة ببعض القادة، كانت فلسفة، وبيانًا، وقوة اجتماعية، ترصد لكل ما يسعى وراءه علماء الأنثروبولوجيا من تقييم لحضارات ترجع إلى نحو مائتي قرن قبل الميلاد[1].

ويلخص (توماس بولفينش) أصل الأسطورة في أربع نظريات:

- الأولى دينية، تقرر أن حكايات الأساطير كلها مأخوذة من الكتاب المقدس، مع الاعتراف بأنها غيرت أو حرّفت. فهرقل هو شمشون، المارد ديوكاليون هو نوح، وهكذا.

- الثانية تاريخية، تذهب إلى أن أعلام الأساطير عاشوا فعلا، وحققوا سلسلة من الأعمال العظيمة، ومع الأيام أضاف إليهم خيال الشعراء ما وضعهم في ذلك الإطار العجيب الذي يتحركون فيه.

- الثالثة رمزية، تقوم على أن كل أساطير القدماء لم تخرج عن كونها في شتى أشكالها الدينية، والأخلاقية، والفلسفية، والتاريخية، مجرد مجازات فهمت على غير وجهها، أو فهمت حرفيا. فقد أخذه الإغريق وإذا "كرونوس" أي الزمن يأكل أي شيء يوجد.

- الرابعة طبيعية، وبمقتضاها تشخص عناصر الكون؛ من هواء، ونار، وماء، أو تتحول إلى كائنات حية، أو تختفي وراء مخلوقات خاصة. وعلى هذا النحو وجد إزاء كل ظاهرة طبيعية كائن روحي معين[2].

وليس العرب في الجاهلية، كما يشاع، بدعة بين الأمم؛ إذ لهم أساطيرهم القديمة، لأنّ العربي والشاعر بخاصة لا يعبر عن ذاتية مفرطة لا يربطها بالعالم الخارجي رابط، ولا يربطهما بالفن القولي المعاصر، والمتوارث أدنى علاقة، بل على العكس، فلقد كان للعالم الخارجي تأثير فاعل في تحديد وجوده، ورؤيته وأحلامه، فليس الوجود مستقلًا عن الإنسان، إذ يشكل كل منهما

---

[1] المرجع نفسه. ص7

[2] المرجع نفسه. ص11

الآخر، ثم ينعكس ذلك على إبداع الشعر الجاهلي، فضلا عن تلك النصوص الشعرية، والحكايا والقصص المتوارثة، التي يتناقلها الخلف عن السلف[1].

وسواء تقبلنا تلك النظريات أم لم نتقبلها، تبقى صحيحة من وجهة النظر التي تمثلها، وفي النهاية تبقى الأسطورة ثمرة جهود الإنسان في فهم طبيعة الكون، وفي تسمية ظواهره، وتحديد أماكنه.

[1] الوائلي، كريم: **الشعر الجاهلي، قضاياه وظواهره الفنية**. ص297

الأسطورة في الشعر الجاهلي

الشعر بناء رمزي ثانوي يستخدم نظاما رمزيًا أوليًا هو اللغة، واللغة تتبدل وتتغير بتبدل الأقوال والمصطلحات. فلا شيء يبقى على ما هو في الشعر، فهو عالم خيالي موازٍ لعالم الواقع، ولكنه مختلف عنه، وليس ثمة حياة شعرية، ولكن هناك رؤية شعرية للحياة.

لقد عدّ فريق من الدارسين الشعر الجاهلي وقفا على الأساطير، أو يكاد، وإن خالفهم بعض النقاد كأمثال الدكتور وهب رومية[1]، إلا أننا لا ننكر تلك الحقيقة، فقد تأمل الشاعر الجاهلي السماء، وكواكبها ونجومها، شمسها وقمرها، وتأمل ظهور الكواكب وغيابها، وأصابته هواجس وآمال ومخاوف، واعتقد بعض الكواكب، وعبد نجوما وشموسا، ولذلك لم يكن تأمل السماء خاليا من أسباب عقائدية، فلقد عبد العرب النجوم، والكواكب، ويبدو أن بعض الناس ألّهوا "الظواهر الطبيعية لتوهمهم أنّ فيها قوى روحية كامنة مؤثرة في العالم، وفي حياة الإنسان، مثل الشمس، والقمر، وبعض النجوم الظاهرة، وقد كانت الشمس، والقمر، أول الأجرام السماوية التي لفتت أنظار البشر إليها، لِما في الشمس من أثر بارز في الزرع، والأرض وفي حياة الإنسان بصورة مطلقة، كذلك للقمر أثره في نفس الإنسان بما يبعثه من نور يهدي الناس في الليل، ومن أثر كبير يؤثر في حس البشر[2].

ويبدو أن عبادة الجاهليين في أصلها عبادة الكواكب "وأنّ أسماء الأصنام والآلهة، وإن تعددت وكثرت إلا أنها ترجع كلها إلى ثالوث سماوي هو: الشمس، والقمر، والزهرة[3]".

وتأمل العربي الأرض بما تشتمل عليه من طبيعة صامتة: صحراء، وجبل، ووادٍ. وتأمل طبيعتها النامية: الشجر، والكلأ. وتأمل طبيعتها الحيوانية: غزالا، وناقة، وفرسا، وذئبا، وأفعى، وعبد بعض هذه المظاهر، وتدل إشارات عديدة إلى أنّ الغزال كان مقدسًا في الجزيرة العربية، فمما

---

[1] رومية، وهب: **توظيف الأسطورة في الشعر الجاهلي**. مجلة التراث العربي. العدد 93-94. 1 يناير 2004.

[2] علي، جواد: **المفصل في تاريخ العرب قبل الإسلام**. ط2. جامعة بغداد. 1993م. ج6. ص22.

[3] المرجع نفسه. ص50.

يذكره المؤرخون أنّ "بني الحارث كانوا إذا وجدوا غزالًا ميتًا يحزنون عليه ويكفنونه كفنًا يليق به، ويوارونه بإجلال، وينوحون عليه سبعة أيام[1]".

ومن الجدير بالذكر وجود رموز للكواكب، والنجوم المعبودة، إذ اتخذ الثور "رمزًا للقمر، ولذلك عد الثور من الحيوانات المقدسة التي ترمز إلى الآلهة[2]".

ولم تقتصر عبادة العرب على النجوم والكواكب بل تعدتها إلى عبادة الأشياء المادية "لاعتقاد أصحابها بوجود قوى سحرية، وقوى غير منظورة تلازم تلك الأشياء[3]".

وتتبدى الأبعاد الأسطورية في الصورة الشعرية الممتدة، وخاصة في تشبيه الشاعر ناقته، وتتعدد أنماط التشبيه هذه، إذ يشبه الشاعر ناقته مرة بالظليم الذي يرعى فتمطره الماء، ومرة بالثور الوحشي، ومرة بحمار الوحش[4].

وإذا ما توقفنا عند قصة الثور الوحشي، والبقرة الوحشية، نجد هذه القصة ترتبط ببعدين، ترتبط من ناحية بالأسطورة القديمة التي ترى أنّ للعرب القدماء "ديانة تعبد فيها الكواكب...فقد عبدوا ثالوثًا مكونًا من الشمس أمًّا، والقمر أبًا وابنهما الزهرة أو "عثتر"، ولقد ربطوا بين الشمس والمرأة، والمهاة، والغزالة...كما ربطوا بين الثور الوحشي، والقمر[5]".

إن الثور كان مقدسا ليس في الجزيرة العربية، فحسب، بل كان مقدسا ومعبودا في العراق القديم، ففي الحضارة السومرية يرمز الثور بوصفه معبودًا إلى "القوة والخصب، وهو إله العواصف أيضًا، واسمه "إنليل" عبده السومريون وعبدوا البقرة إلهة معه، ومن اتحادهما في زواج مقدس فاضت ضفاف دجلة والفرات بالخصب على أرض سومر. وهكذا نظر سكان العراق القديم من

---

[1] عبد الرحمن، نصرت: **الصورة الفنية في الشعر الجاهلي، في ضوء النقد الحديث.** عمان-الأردن: مكتبة الأقصى. 1982م. ص115

[2] المرجع نفسه. ص115.

[3] علي، جواد: **المفصل في تاريخ العرب قبل الإسلام.** ج6. ص54

[4] ينظر: الوائلي، كريم: **الشعر الجاهلي، قضاياه وظواهره الفنية.** ص300.

[5] البطل، علي: **الصورة في الشعر العربي.** ص123

السومريين إلى الثور رمزًا لقوة خصب عظيمة تتصل بحاجتهم، ومعيشتهم، فلقد وجد الماء بقدرة هذا الإله الثور (إنليل)، فازدهرت الحياة، لذلك، بالخضرة والماء[1]".

أما في الحضارة الآشورية فلقد "وجدنا الثيران المجنحة تقف على أبواب قصورهم حارسة راعية، وذلك لأنّهم كانوا يعبدون الإله الثور، ويلتمسون عنده النصر والحماية[2]".

كما ترتبط من ناحية أخرى "بمنبع طقوس آخر هو شعائر السحر المتعلق بالصيد، فلقد كان الصيد من الوسائل المهمة للتغلب على مشكلة الحصول على الطعام بالنسبة لإنسان ما قبل التاريخ، لذلك كانت الجماعات الإنسانية البدائية حريصة على إنجاح رحلات رجالها ابتغاء للصيد، بإقامة الطقوس، والشعائر[3]".

والجدير بالذكر أنه ارتبط بالثور الوحشي وصف للناقة وتشبيهها به، وكان هناك تماهٍ كبير بين الناقة، والمحبوبة، والإلهة، وما يتعلق بها من رموز كالقباب، والبخور، والخمر، والدم، والشجرة، وقداستها، وغير ذلك، وسنجد كثيرا من هذه الإشارات في قصيدة الأعشى موضوع البحث.

---

[1] المطلبي، عبد الجبار: **محاولة لتفسير مظهر من مظاهر القصيدة الجاهلية، قصة ثور الوحش وتفسير وجودها في القصيدة الجاهلية**. بغداد. العدد 12. 1966م. ص215-216.

[2] المرجع نفسه. ص220.

[3] البطل، علي: **الصورة في الشعر العربي**. ص124.

الفصل الثاني

الأعشى

قصيدة الأعشى

دراسة تحليلية نقدية وفق المنهج الأسطوري

ترجمة الأعشى

هو الأعشى ميمون بن قيس بن جندل بن شراحيل بن عوف بن سعد بن ضبيعة بن قيس بن ثعلبة الحصن بن عكابة بن صعب بن علي بن بكر بن وائل بن قاسط بن هنب بن أفصى بن دعمى بن جديلة بن أسد بن ربيعة بن نزار[1]. ويكنى أبا بصير، وكانوا يسمونه صناجة العرب؛ لجودة شعره[2].

ولد في اليمامة، في قرية تدعى منفوحة، وقد ذكرها أكثر من مرة في شعره، لقب بالأعشى لضعف في بصره[3]. وقد أغفل المؤرخون والرّواة تاريخ ولادة هذا الشاعر، ولكن مصطفى الجوزي يعتمد على رواية ابن قتيبة بأنّ الشّاعر خرج يريد النّبي-صلى الله عليه وسلم-في صلح الحديبية في العام السابع للهجرة، فصدّته قريش، وعاد إلى بلدته حيث مات في السّنة نفسها، يعمد الدّكتور الجوزي إلى هذه الرواية، وإلى بيت من الشعر قاله الأعشى:

مضى لي ثمانين من مولدي　　　كذلك تفصيل حسابها[4]

الأعشى أحد فحول الجاهلية، عَدَّهُ ابن سلام في الطبقة الأولى من شعراء الجاهلية، وقرنه بامرئ القيس، وزهير، والنابغة، وكان أهل الكوفة يُقَدِّمُونَهُ عليهم، وسُئِلَ يونس بن حبيب النحوي: مَن أشعر الناس؟ فقال: لا أومئ إلى رجل بعينه، ولكن أقول: امرؤ القيس إذا ركب، والنابغة إذا رهب، وزهير إذا رغب، والأعشى إذا طرب. وهو أول من سأل بشعره، وكان أبو عمرو بن العلاء يعظم محله، ويقول: شاعر مُجيد، كثير الأعاريض، والافتتان. وإذا سئل عنه وعن لبيد قال: لبيد رجل صالح، والأعشى رجل شاعر[5].

---

[1] الشّنقيطي، أحمد بن أمين: **شرح المعلقات العشر وأخبار شعرائها**. ط4. بيروت-لبنان: دار الكتب العلمية. 2006م. ص107.

[2] قيس، ميمون: **ديوان الأعشى الكبير**. ص5

[3] الشنقيطي، أحمد بن الأمين: **شرح المعلقات العشر**. ص107.

[4] قيس، ميمون: **ديوان الأعشى الكبير**. ص6.

[5] الشنقيطي، أحمد بن امين: **شرح المعلقات العشر**. ص107.

أشار القدماء والمحدثون إلى أن ديانته نصرانية، وقد أشار المرزباني قديما إلى نصرانيته، واعتبره (لويس شيخو) حديثا، أنّه ينتمي إلى البكريين والنّصارى، وأنّه نشأ في محيط نصراني، لكن بعض الرواة يقولون أنّه أدرك الإسلام، ولكنه لم يسلم[1].

وهكذا فقد عاش الأعشى حياته متنقّلًا من مكان إلى مكان، ومن سيّد إلى سيّد، يمدح هذا، ويهجو ذاك، ومات بعد حياة مديدة، بلغت ثمانين عاما أو أكثر من ذلك بقليل، وكانت وفاته في السّنة السّابعة للهجرة النبوية[2].

انتشرت في شعر الأعشى مواقف تاريخية، وقصص أسطورية كثيرة كانت معروفة في تاريخ العرب، مما يدل على معرفة شاعرنا بهذه الأحداث التاريخية والوقائع الأسطورية القديمة التي وظفها في قصائدة، وستتبع الباحثة الأسطورة بأحداثها ورموزها في قصيدته، موضوع البحث، مركزة على الأساطير المتعلقة بالإلهة الأنثى (المحبوبة المؤسطرة)، فـ"اقتران الطلل بالمرأة يضفي عليه طابع الخصوبة والحياة، وما أن تهجره المرأة حتى يصبح ميتا معدوما[3]".

---

[1] قيس، ميمون: **ديوان الأعشى الكبير**. ص8.

[2] قميحة، مفيد: **شرح المعلقات العشر**. الطبعة الأخيرة. بيروت: دار ومكتبة الهلال. 2003م. ص348.

[3] عبد الرحمن، نصرت: **الصورة الفنية في الشعر الجاهلي في ضوء النقد الحديث**. ص127.

قصيدة الأعشى

أَوَصَلتَ صُرمَ الحَبلِ مِن　　سَلـــمى لِطولِ جِنابِها

وَرَجَـعتَ بَـعدَ الشَـــيّبِ　　تَبغـي وُدّها بِطِلابِــها

أَقـصِر فَإِنَّـكَ طالـــمَا　　أَوضِعتَ في إِعجابِـها

أَوَلَن يُلاحَمَ في الزُجاجَةِ　　صَدعُــها بِعِصابِـــها

أَوَلَن تَـــرى فـــي الـزُبرِ　　بَيِّنَــةً بِحُسنِ كِتابِـــهـا

إِنَّ القُـرى يَـومًا سَتَه　　لِـكُ قَبلَ حَقِّ عَذابِهـا

وَتَصيرُ بَـــعدَ عَمارَةٍ　　يَـــومًا لِأَمرِ خَرابِـهـا

أَوَلَـــم تَـرَي حِجْـرًا　　وَأَنتِ حَكيمَةٌ وَلِما بِهـا

إِنَّ الثَعالِبَ بِالضُحـى　　يَلعَبنَ فـي مِحرابِـــهـا

وَالجِنُّ تَعزِفُ حَولَــهَا　　كَالحُبشِ في مِحرابِـهـا

فَخَلا لِذَلِكَ ما خَـــلا　　مِـن وَقتِها وَحِسابِـــهـا

وَلَقَد غَبَنتُ الكاعِباتِ　　أَحَـظُّ مِـن تَخبابِــــهـا

وَأَخونُ غَفلَةَ قَومِـــهِا　　يَمشونَ حَولَ قِبابِـــهـا

حَذَرًا عَلَيـــها أَن تُرى　　أَو أَن يُطـافَ بِبابِـهـا

فَبَعَثتُ جِـنِّيًّا لَنـــا　　يَأتـي بِرَجعِ جَوابِـــهـا

فَمَشى وَلَم يَخشَ الـ　　أَنيسَ فَزارَها وَخَلا بِهـا

فَتَنازَعا سِرَّ الحَديثِ　　فَأَنكَــرَت فَنَـزا بِـــهـا

عَضبُ اللِسانِ مُتَقِّنٌ   فَطِنٌ لِما يُعنى بِـهـا

صَنَعٌ بِلينِ حَديثِـها   فَدَنَت عُرى أَسبابِـهـا

قالَت قَضَيتَ قَضِيَّةً   عَدلًا لَنـا يُرضى بِهـا

فَأَرادَها كَيفَ الدُخـو   لُ وَكَيفَ ما يُؤتى لَـهـا

فـي قُبَّةٍ حَمـراءَ   زَيَّنَـها اِئتِلاقُ طِبابِـهـا

وَدَنا تَسَمُّعُـهُ إِلـى   ما قالَ إِذ أَوصى بِـهـا

إِنَّ الفَتاةَ صَغيـرَةٌ   غِرٌّ فَـلا يُسدى بِـهـا

وَاِعلَم بِأَنّي لَـم أُكَلـ   م مِثلَـهـا بِصِعابِـهـا

إِنّي أَخافُ الصُرمَ مِنـ   ـها أَو شَحيجَ غُرابِـهـا

فَدَخَلتُ إِذ نامَ الرَقيـ   بُ فَبِتُّ دونَ ثِيابِـهـا

حَتّى إِذا ما اِستَرسَلَت   مِـن شِـدَّةٍ لِلِعـابِـهـا

قَسَّمتُها قِسمَيـنِ كُلـ   لَ مُوَجَّهٍ يُرمـى بِـهـا

فَثَنَيتُ جيـدَ غَريرَةٍ   وَلَمَستُ بَطـنَ حِقابِـهـا

كَالحُقَّةِ الصَفراءِ صا   كَ عَبيـرُهـا بِمَلابِـهـا

وَإِذا لَنـا نـامـورَةٌ   مَـرفوعَـةٌ لِشَرابِـهـا

وَنَظَلُّ تَجـري بَينَنـا   وَمُقَدَّمٌ يَسـقي بِـهـا

هَزِجٌ عَلَيهِ التومَتـا   نِ إِذا نَشاءُ عَـدا بِـهـا

وَوَديقَـةٍ شَهبـاءَ رُد   دِيَ أَكمُـها بِسَرابِـهـا

رَكَدَت عَلَيــها يَومَــها   شَمسٌ بِحَرِّ شِهابِــهــا

حَتّــى إِذا مــا أوقِدَت   فَالجَمـرُ مِثــلُ تُرابــِها

كَلَّفتُ عانِسَةً أَمــو   نًا فـــي نَشاطِ هِبابِــها

أَكلَلتُها بَعـدَ المِـراحِ   فَآلَ مِــن أَصلابِـــــها

فَشَكَت إِلَــيَّ كَلالَها   وَالجَهـدَ مِـــن أَتعابِــها

وَكَأَنَّـــــها مَحمومُ خَيـ   ـبَرَ بَـلَّ مِن أَوصابــِها

لَعِبَت بِهِ الحُمّــى سِنيـ   ـنَ وَكانَ مِــن أَصحابِها

وَرَدَت عَلى سَعدِ بنِ قَيـ   ـسٍ ناقَتــي وَلَـما بِــهـا

فَإِذا عَبيـــدٌ عُكَّــفٌ   مُسَكٌ عَلــى أَنصابِــهـا

وَجَميعُ ثَعلَبَةَ بنِ سَــعـ   ـدٍ بَعـــدُ حَـولَ قِبابِــهـا

مِــن شُربِــها المُزّاءَ ما   اِستَبطَنتُ مِــن إِشرابِــها

وَعَلِمــتُ أَنَّ اللَــهَ عَمـ   ـدًا حَسَّــها وَأَرى بِــهـا[1]

---

[1] قيس، ميمون: **ديوان الأعشى الكبير**. ص250-257

الدراسة التحليلية النقدية للقصيدة وفق المنهج الأسطوري

اعتمد الشعراء، كما أسلفنا، في أشعارهم على مصادر الموروثات الجاهلية القديمة، التي شملت الدين، والتاريخ، والأدب، والمعتقدات، والأساطير، التي أفادوا منها، بنوا صورهم الشعرية من عقائدهم، وتقاليدهم، التي هي أهم موروثاتهم الشعبية.

وإنّ الشعراء عامة والأعشى خاصة استقى شعره من الأصول العامة، والتي شكلت مجتمعة أسس الموروث في اللاشعور الجمعي، واستوعبت قصائده الديانات، والعبادات، والمعتقدات القديمة، وقد كانت عقائد الجاهليين تنصب على التقرب إلى الإله الذي يرجى رضاه ويخاف غضبه، مهما كان هذا الإله صنما، أو قمرا، أو ربا، وقد كان الدين مؤثرا مهما في شعره استطاع توظيفه بما احتواه من الآراء والأفكار، والمعتقدات التي كانت غائرة فيما يسمى باللاشعور الجمعي لأبناء عصره.

القصيدة التي بين أيدينا لوحة شعرية نمطية من مجزوءِ الكامل، وهي منسجمة مع موسيقى الشعر الغنائي الجاهلي، الموحي بالتراتيل الدينية التعبدية، بهدف إقامة الدليل على أن الأعشى استقى فكرته، ومادته من أصول ميثولوجية، وتاريخية، ودينية، والتي تدلل على تمسكه بماضيه، ورغبته الأكيدة في إحياء التراث الذي يعود إلى جذور الحياة العربية القديمة.

ستتبع الباحثة الإشارات الأسطورية في القصيدة، مركزة بشكل خاص على صورة المرأة، محور الحديث في قصيدة الأعشى، محاولة التحليق على جناحَيْ؛ الحقيقة (الواقع المعيشي)، والمخيال (الأسطوري)، في شخصية سلمى.

لقد اتفقت الشعوب القديمة على أن المرأة هي بداية الجنس البشري، لأن من جسدها نشأت بذرة الحياة، ومن صدرها نبع حليب الاستمرار، والبقاء، وهذا لاعتقادهم أن هذا الكون، وما يحتويه من مظاهر طبيعية مختلفة إنما سيطر عليه قوى خفية هائلة، وعندما جسد الإنسان القوى المهيمنة بهيئة آلهة تصورها قياسا على البشر في جنسين مذكر، ومؤنث، وقد كان منطقيا أن يعزو كل مظاهر الخصب، والتكاثر في الطبيعة بما في ذلك تكاثر الإنسان، والحيوان، والنبات،

إلى قوى الخصب الإلهية المتمثلة بالآلهة الأم(التي عرفت فيما بعد باسم أنانا، أو عشتار)[1]، حيث كانت " تمثل قوة سحرية عظمى لأنها تحمل سر الحياة والوجود والبقاء، المتغلبة على الموت والفناء[2]".

القارئ لهذه القصيدة، والمستقرئ لها، يلحظ أن المرأة (سلمى) في قصيدة الأعشى، تنحى منحى تطوريًا، إنسية واقعية...إلهة أسطورية، والسؤال الذي طالما طفا على السطح: لماذا يلجأ الشاعر الجاهلي للأسطورة في شعره؟ لماذا يبدأ قصيدته بغرضه الشعري من أرض الواقع ثم لا يلبث أن ينحى منحى أسطوريا غارقا في الرمزية؟

الإنسان بطبعه يحنّ إلى الماضي البعيد، يجد فيه الحياة المثلى الكاملة الخالية من كل الشوائب التي تكدر صفوه، وتنغص عليه عيشه، وهذا ما نلمسه في تعبير الإنسان السومري عن لوعته، وحنينه إلى الماضي السعيد باكيا فردوسه المفقود، وكذلك في تعبير المواطن المصري القديم عندما قال:

لم يكن هناك ظلم

ولم يكن أي من التماسيح ليعتدي

ولم يكن هناك عضات أفاع

كان ذلك في عصر الآلهة منذ الأزل[3]

---

[1] علي، فاضل عبد الواجد: **عشتار ومأساة تموز**. العراق: منشورات وزارة الإعلام. 1973م. ص21

[2] ينظر: أحمد، وسام عبد السلام عبد الرحمن: **توظيف الموروث في شعر الأعشى**. رسالة ماجستير. جامعة النجاح الوطنية 2011

[3] د.ادزارد: **قاموس الآلهة والأساطير**. الجزء الأول. دار الشرق العربي. ص11

ومن هنا نجد الإنسان القديم قد لجأ إلى الأسطورة؛ ليعبّر عن قلقه الداخلي من هذا الكون الغامض، محاولة منه لفهم العالم، واستنطاق هذا الكون، وسبر غور الماورائيات، حتى دخل في صراع، فكرته: من يروض الآخر؟ الإنسان أم الطبيعة؟

وعندما أيقن أن هذا الكون ما هو إلا لغز أكبر من حدود فكره بكثير، لجأ إلى الآلهة، أو لنكون أكثر دقة، لجأ إلى الإلهة الأنثى التي في كينونتها، ما يمده بالحياة، وتجدد الروح، واستمرارية الوجود البشري. فعمد إلى استرضائها والتقرب منها، وأداء الطقوس التي يستعطفها بها؛ لتمنحه الرضا، والحب، والخير، والعطاء، ف"كان مصدر الإبداع الشعري عند الشعراء يتمثل في ربات الشعر، اللواتي يمنحنهم ما ينطقونه على السنتهم شعرا[1]".

لكن ماذا لو انقطع هذا الإنسان عن تلك الآلهة، وانشغل عنها ردحا من الزمن، ثم فطن إليها في الوقت الذي بدأ يفقد فيه مقومات الحياة، والمتعة، والأمان، كيف تستقبله؟ وكيف يسترضيها من جديد؟

عند تتبع قصائد الأعشى نجد أنه لم يلتزم اسما محددا لمحبوبته، بل أسقط عليها أسماء مختلفة، وكأن كل اسم له دلالته، الواقعية، أو ربما الأسطورية، فها هو يودع هريرة تارة، وتارة شغوف بهند، وفي القصيدة ذاتها يخاطب هند على أنها سلمى (أنتِ سلمى)، وتارة أخرى بين البيض "بيضاء" و"يسافع ورقاء غوريّة"...الخ [2]

لماذا – في قصيدته هذه–سلمى بالذات؟ ولماذا العودة إليها بعد المشيب؟ هل كانت محبوبة الأعشى تُدعى سلمى فعلا؟ أم هي الإلهة سلمى لدى الإنسان الجاهلي؟ أم أن الأعشى أسقط اسم سلمى على محبوبته لتمنيه في قرارة نفسه لو كان شبيها بآجا حبيب سلمى الأسطوريين؟

---

[1] ناجح، محمد: **الإبداع والتلقي في الشعر الجاهلي**. ص23

[2] ينظر: قيس، ميمون: **ديوان الأعشى الكبير**.

آجا أحبّ سلمى وتمسك بها ولم يتخلَّ عنها، بل هرب معها حتى لقيا حتفهما بسبب هذا الحب، وأُريق دم كل محبوب فيهما على جبل منفصل عن الجبل الآخر، وسمي كل جبل باسم الضحية، إلى أن سافرت هذه الأسطورة عبر الزمن[1].

وفي هذين الجبلين العظيمين قال حاتم الطائي:

أَرى أَجَأً مِـــــن وَراءِ الشَقيــقِ

وَالصَهوِ زُوِّجَهـــــا عـامِـــرُ

وَقَــد زَوَّجوها وَقَــد عَنَسَـت

وَقَـــد أَيقَنوا أَنَّهـــــا عاقِـــرُ

فَإِن يَكُ أَمـــــرٌ بِأَعجازِهِ

فَإِنّي عَلـــــى صَدرِها حاجِرُ[2]

في حين أننا نجد الأعشى، يعود إلى سلمى والشيب يغزو رأسه، هو خذلان الحب في قلب سلمى الإنسية من جانب، وخذلان للإلهة سلمى من جانب آخر، بعد ترحاله في طلب اللهو والتكسب. فهناك اتجاهان تطوريان في شخصية سلمى. قد تكون سلمى امرأة إنسية، أحبها الشاعر، وفتن بها كأي رجل يفتنه جمال امرأة، فيتغزل بها تغزلا حقيقيا، فيعبر بذلك عن هذه التجربة الواقعية للإنسان الجاهلي، ولكن عند تتبع الخط الرمزي في القصيدة يحيلنا إلى سر أكبر ومقصد أعظم،

---

[1] زيمرمان، ليزا: **قصة أجا وسلمى عن المأساة والحب**. روح السعودية.
https://www.visitsaudi.com/ar/do/culture/aja- and- salma- s- tale- of- tragedy- and- love ساعة الدخول 4:59 بتاريخ 2020/11/14

[2] أجأ: اسم جبل في ديار طيء. زوّجوها: أراد أعجاز الجبال التي نزلتها محاربا. عنست: أي مكثت في بيت أهلها بعد إدراكها سن الزواج ولم تتزوج. العاقر: التي لا تلد.

رشاد، أحمد: **شرح ديوان حاتم الطائي**. ط3. بيروت–لبنان: دار الكتب العلمية. 2002م. ص28

ويضفي قداسة على رمزية سلمى لدى الشاعر الجاهلي، فـ"الشعر ليس إنباء عن متعين، وليس سردًا لحدث واقعي، وليس وثيقة تاريخية، أو اجتماعية، أو همّا فرديًا وحسب، وإنما هو تعبير عن الوجود بالموجود، ونفاذ إلى أعماق النفس الجمعية، هو رقية، أو تعويذة ينفثها صاحبها ليدْرأ خطرًا، أو يستجلب نفعًا"[1].

فكل قراءة للقصيدة تفتح مغاليق جديدة، وتكشف عن مضامين حياة إنس طورية، إن صح التعبير.

فهل انشغل الأعشى، عن الاتصال بسلمى "الإلهة" بطقوسها الروحانية، بلهوه، ومجونه، وأسفاره، وتنقلاته مادحًا الأمراء والملوك؛ لتكسب المال، مما أثار غضبها، وجلب عذابها، ونقمها عليه، وعلى قبيلته، كما سنرى في قصيدته؟

"الحياة اللاهية جعلت الأعشى في حاجة دائمة إلى المال، فراح يطوف البلاد، ويؤم الملوك، والأشراف، يمدحهم، وينال عطاءهم، حتى قيل: إنه جعل شعره متجرًا يتجر به نحو البلدان "[2]

إن عودة الشاعر لسلمى، ومحاولته استرضاءها، والتودد إليها بعد طول القطيعة، والجفاء، وبعد أن غزا الشيب رأسه، يأخذنا في الوهلة الأولى للقراءة، إلى أن العودة هي عودة لمحبوبته الإنسية سلمى بعد انشغاله عنها، حتى لنتيقّن فيما بعد، أثناء تلمس آثار غضبها، أو رضاها، أن سلمى التي ذهب إليها الشاعر في قصيدته هي أكبر من ذلك وأعلا مقاما.

أَوَصَلتَ صُرمَ الحَبلِ مِـــــــن

سَـــــلمى لِطولِ جِنابِهـــــا

وَرَجَـــعتَ بَـــــعدَ الشَيـبِ

تَـبغي وُدَّهــــا بِطِلابِهـــــا

---

[1] الديك، إحسان: **الأسطورة في فكر الجاهلي وأدبه**. مجمع القاسمي للغة العربية. 2016. ص8

[2] الديك، إحسان: **الآخر وأثره في شعر الأعشى الكبير، ميمون بن قيس**. نابلس: جامعة النجاح الوطنية. ص6

أقصِر فإنّـــــك طالمـــــا

أوضعت فـــــي إعجابهـــــا[1]

إن هجر الإلهة وإهمال طقوسها واحتفالاتها إنما هو مجلبة لغضبها، وإذا نقمت الآلهة وغضبت؛ أعرضت عنهم وطال جنابها، ولربما رحلت، ورحل معها الربيع، والخير، والخصب، فيتغير حالهم، من رغد العيش إلى القحط والجدب، ويتلبسهم شبح الموت، والهلاك.

ومن هذا المنطلق نجد محركات الحوار في هذه القصيدة متعددة، تُخرج سلمى عن إنسيتها، وتحررها من حدود الغزل الضيقة، وتنزهها عن آدميتها، وترفعها عن العادي الأرضي. وفي القصيدة إشارات، ودلالات رمزية كثيرة تُدلل على ذلك، ومنها:

- تنقل الشاعر في أرجاء القصيدة في حوار دار حول سلمى، في نفس الشاعر، بضمير المخاطب تارة، وضمير المتكلم تارة أخرى، وهذا يشي باستغراقه في التفكير والتأمل ومضيه في "حالة وجد صوفي[2]"، فانشغال الشاعر بسلمى لم يكن انشغالا عاديا لمحبوبة إنسية، بل أوسع من ذلك وأرقى.

(أَوَصَلتَ ، وَرَجَعتَ ... أَقصِر فَإنّكَ ... أوضِعتَ ... وَلَقَد غَبَنتُ ... أَخونُ ... فَبَعَثتُ ... كَلَّفتُ... أَكَلَتُها ...).

[1] صرمه صُرما وصَرما (بفتح الصاد وضمها) قطعه. جانبه جنابا ومجانبة. طلاب مصدر طالب. أقصر عن الأمر كف عنه وانتهى. أوضعت الإبل (على البناء للمعلوم) أسرعت في سيرها. وأوضع في تجارته (على البناء للمجهول) خسر فيها ولم يربح. أوضع (على البناء للمعلوم) أسرع. الإعجاب (بالكسر) مصدر من أعجب بالشيء. ويجوز أن تكون إعجابها (بفتح الهمزة) جمع عجب، وهو الروعة التي تعتري الناظر إذا استحسن شيئا واستعظمه.

قيس، ميمون: **ديوان الأعشى الكبير**. ص251

[2] الديك، إحسان: **الأسطورة في فكر الجاهلي وأدبه**. ص9

- شخّص الشاعر الجمال الأنثوي في جسدها الزجاجي، فهو لا يتغزل في امرأة بعينها من لحم ودم، بل غزل إلهي خارج عن الآدمي الأرضي الذي خلق من طين، وفي ذلك دلالة على سمو سلمى وتنزهها عن الإنسية، فهي كما تبدو كالآلهة الكنعانية من زجاج وهذا ما "كان عليه الكنعانيون في صنع تماثيلهم من الزجاج غير الشفاف للآلهة، كالإله بس والإله تاورت والإله إوزيرس"[1]

أَوَلَن يُلاحَـــمَ فـــــي الزُجاجَة

صَدعُها بِعِصابِهـــــا [2]

والجدير بالذكر أن الأعشى ذكر محبوبته السامية عن الآدمية، وجعلها في فورة جمالها من زجاج إن صدع هذا الزجاج فهو عصي على الالتئام، تأكيدا على احترام الآلهة ووصلها، فهو يؤكد قوله في غير موضع من قصائده الأخرى:

فَبانَت وَفي الصَدرِ صَدعٌ لَها

كَصَدعِ الزُجاجَةِ مـا يَلتَئِم[3]

---

[1] الكنعانيون. https://sites.google.com/site/alwantef/home/zawyte- altarykh/altarykh- alqdym/alsamywn- 1 الساعة 12:49 بتاريخ: 2020/7/11

[2] العصب والعصاب شد الشيء وضمه. الصدع الشق والكسر.

قيس، ميمون: **ديوان الأعشى الكبير**. ص251

[3] قيس، ميمون: **ديوان الأعشى الكبير**. ص35

- غضب محبوبته سلمى ليس غضبا إنسيا، وانتقامها لم ينل حبيبها وحده، بل صبت جام غضبها على قبيلة الأعشى، ومن حولها من القرى، هو انتقام الإلهة، هو الخراب العظيم الذي يحل بأمرها.

فقد صورت الميثيولوجية الإغريقية غضب الإلهات كَ "هيرا" و"أثينا"... وكذلك "ما جعل عشتار تستشيط غضبا من فعل جلجامش"[1]، الذي تركها ورفض حبها فأهانها وجعلها تباشر بفعلها الانتقامي منه. وما ألحقته سلمى من عذاب وخراب بهذه القرى ليس بالفعل الإنسي العادي.

إنَّ القُرى يَومًـا سَتَهـ

لِكُ قَبلَ حَقِّ عَذابِهـــا

وَتَصيرُ بَـعدَ عَمارَةٍ

يَومًـا لِأَمرِ خَرابِهـــا[2]

ثم لا يفوتنا ما حل بالأقوام السابقة، أسطورة عاد وثمود، وما حل بهم من فناء، بهم وبعمرانهم وما ملكوه من جاه ومال، فالموت سيصيبهم لأن ملكهم لا يستطيع أن يمنحهم الخلود الأبدي الذي هو ضالة الشاعر والمتنسكين حول ربتهم، والتي بفعل الجنس تهبهم الخصوبة، وبالتالي استمرار الحياة، فاستمرار نسلهم هو خلود القوم فعليا ويسيطر عليه المعتقد المتوارث بأن كل شيء إلى زوال حتى القرى يوما ستبيد، بما حق عليها من العذاب.

[1] الموسوي. أنور غني: **ملحمة جلجامش**. العراق. بابل. 2015م. ص93

[2] الحق الأمر المقضي. وحقّ الأمر وجب وثبت.

قيس، ميمون: **ديوان الأعشى الكبير**. ص251.

كما أنه وظف حجر مساكن ثمود، وما حل بأهلها من عذاب؛ ليذكّر قومه بأن قوتهم وسطوتهم لن تدفع عنهم المنية والمصير المحتوم، والدليل هو ما حل بثمود فكانوا عبرة للمعتبر، فالفناء آت:

أولـــم تري حجرا وأنـ

ت حكيمة ولما بهـــــــا[1]

وقصة هذه الأقوام هي من الأساطير التاريخية للأمم السابقة التي يذكرها الأعشى؛ ليعبر عن سطوة الموت التي دخلت في تصوراتهم البدائية، ومعتقداتهم الدينية، والخرافية التي كانت تفسر تصورهم في الموت، وأنها بداية حياة جديدة ثانية لحياة أولى انتهت.

- نال المكان عند القدماء حظه من الاهتمام والدراسة، رغم عدم خضوعه للإجراءات النقدية المتعارف عليها في جل الدراسات المعاصرة، بيد أن ذلك لم يمنع المفكرين العرب القدماء من الإدلاء بدلوهم، والوقوف على حيثيات الفضاء، ومكنوناته في النص الشعري القديم، الذي حفظ هذه الدلالة بين طيّات نصوصه، فتنوعت الأمكنة، وصارت محطة تجاذبتها أفكار النقاد القدماء[2].

---

[1] الحجر (بكسر الحاء) مساكن ثمود في الشام إلى الجنوب من دومة الجندل. والحجر (بفتح الحاء) من منازل بني حنيفة (ابن بكر بن وائل) في اليمامة. لما بها من الخراب. تقول هو لما به إذا كان هالكًا.

قيس، ميمون: **ديوان الأعشى الكبير**. ص251

[2] أحمد، بن بغداد: **شعرية المكان في الشعر الجاهلي**. رسالة ماجستير منشورة. 2016. ص60

لكن ذكر الشاعر لمكان محبوبته سلمى في هذه القصيدة جاء منمازا تماما، فعلاقة الشاعر بالمكان، وما يحمله من ذكريات، وأشجان، أو مواطن الحبيب، أو الموضع الذي رحل عنه الشاعر، لم يماثل ما جاء عند شعراء المعلقات، كامرئ القيس، على سبيل المثال، في قوله:

قفا نبك من ذكرى حبيب ومنزل

بسقط اللوى بين الدخول فحومل[1]

ولا كالنابغة الذبياني:

يا دار مية بالعلياء، فالسند

أقوت وطال عليها سالف الأمد[2]

وكذلك نجد الأعشى لم يماثل ذكر المكان في قصائده الأخرى، كذكره مثلا للخيام في قصيدته:

عرفت اليوم من تيا مقامـــا

بجوّ أو عرفت لـــها خيامـــا[1]

---

[1] أحمد الأمين الشنقيطي: **المعلقات العشر وأخبار شعرائها**. دار النصر. ص62

[2] أحمد الأمين الشنقيطي: **المعلقات العشر وأخبار شعرائها**. دار النصر. ص95

وإنما نجده يأتي بما يناسب علو مقام سلمى، المترفعة عن الأرضية والإنسية، فيذكر محراب الآلهة والقباب التي تصنع لها، والطقوس التي تُؤدى حول مقامها.

فهي"أشبه بالصنم الدوار الذي كانوا يطوفون حوله"[2]، فهو مكان مقدس، يطاف حوله في طقوس دينية طلبا لعودة الآلهة، وأملا في الخصب، والخير، وهذا ما فعله قومه بنو ثعلبة بن قيس فقد كانت تصنع خيمة مستديرة مع قمة تشبه القبة مصنوعة من الجلد الأحمر؛ لإيواء الأصنام. ويتضح ذلك في قول الأعشى:

إنَّ الثَّـــعالِبَ بِالضُحـــى

يَلعَبنَ في مِحرابِهـــــا[3]

....

في قُبَّةٍ حَمراءَ زَيَّنَـــــها

اِئتِلاقُ طِبابِـهـــــا

....

وَجَميعُ ثَعلَبَةَ بنِ سَعدٍ

بَـعدُ حَولَ قِبابِـهـــــا[4]

---

[1] قادري، حبيبة: **الأبعاد الأسطورية في شعر الأعشى**. رسالة ماجستير. 2015. ص49.

[2] الديك، إحسان: **الأسطورة في الشعر الجاهلي**. مجمع القاسمي للغة العربية. 2016م. ص10

[3] المحراب مجلس الناس ومجتمعهم (ديوان الأعشى ص251)

[4] القباب جمع قبة وهي الخيمة الكبيرة. ثعلبة بن سعد قبيلة، لعلها من ذبيان (ديوان الأعشى صديوان الأعشى.

- ونلاحظ أن الأعشى أشار إلى مشاركة الجن للإنس في طقوس العبادة والطواف بالإلهة، والعمل على حراستها:

وَالجِنُّ تَعزِفُ حَولَـهــــــا

كَالحُبشِ في مِحرابِهـــــا

....

يَمشونَ حَولَ قِبابِـهـــــا

حَذَرًا عَلَيهـــــا أَن تُرى

أَو أَن يُطافَ بِبابِهـــــــا[1]

فقد عدَّ الإنسان القديم في بلاد الرافدين الجن والشياطين من خلق الآلهة، ويشير النص الأدبي في ملحمة الخلق البابلية إلى أن المحيط تيامات قد غضب لموت إبزو، وخلقت من جوفها أحد عشر مخلوقا وحشيا ليصارع الآلهة الشابة، لكن ملك الآلهة مردوخ تغلب على هذه المخلوقات الأسطورية المتوحشة وتمكن من إبادة تيامات، فمن المسلّم به أن الجن والشياطين كانت تندرج ضمن عدة فئات كلها بأمر الآلهة[2].

وكل ما ذكر عدّه المفكرون القدماء عناصر للإبداع الأدبي التي تراكمت في الذاكرة غير الواعية، فارتبطت بفكرة الإلهام لدى الشعراء، "فقد أحالوا الإبداع إلى الآلهة، والشياطين، والجن في نظرية

---

[1] قيس، ميمون: **ديوان الأعشى الكبير**. ص250

[2]الشياطين والجن في بلاد الرافدين. https://archeologie.culture.fr/orient- cuneiforme/ar. ساعة الدخول 03:3 بتاريخ 2020/11/9

الإلهام، خلال زمن كان للشعر فيه مكانة وصلت إلى حد القداسة، وهذا ما لم يتصف به الشعر في الأزمان اللاحقة[1].

والجدير بالذكر، أن العرب في العصر الجاهلي كان اعتقادهم بالجن والشياطين عاليًا، فمن خلال القصص المروية، يمكن تحديد مجموعة من العلاقات بين العرب والجن، كالحديث معهم، ومصارعتهم، كما حدث مع تأبط شرًا، في نزاله مع السعلاة، وكذلك قول شمر بن الحارث الضبي في وصفه، لخطابه الجن:

أتوا ناري فقلت: منون أنتم

فقالوا: الجن قلت: عِموا ظلاما

فقلت: إلى الطعام فقال منهم

زعيم: نحسد الإنس الطعاما[2]

وأما علاقة الأعشى بالجن التي تجلّت في هذه القصيدة التي نحن بصدد دراستها، فقد أشار الباحث محمد ناجح إلى قصة الأعشى بالجن في هذه القصيدة، وكيف أن الأعشى جعل الجن مرسالا بينه وبين معشوقته، وأن الجن نجح في التفاوض معها، لإقناعها بملاقاة حبيبها[3]، إلا أنني أرى أن ما ذهب إليه الباحث في معرض حديثه عن قصة الأعشى في قصيدته، تركز على الجن، في حين اعتبر حبيبة الأعشى إنسية عادية، ولم يمنحها حقها في البحث، بل جعل النسج الأسطوري للأعشى قائم بينه وبين الجن، وأما سلمى فأخرجها من هذه الدائرة.

---

[1] ناجح، محمد: **الإبداع والتلقي في الشعر الجاهلي**. ص19

[2] ينظر: المرجع نفسه. ص44-45

[3] المرجع نفسه. ص47

الحوار بين الأعشى وسلمى لم يكن حوارا عاديا إنسيا، ولم يذهب لمقابلتها ومناجاتها دون مقدمات؛ بل كان حذرا في التعامل مع من هو أرفع منه منزلة وقيمة، فوجدناه بعد طقوس التقرب إلى سلمى واسترضائها، لا يتحاور معها بشكل مباشر، وهذا يدل على سمو منزلتها وعلوها، فهي ترقى عن حديث الإنسي الأقل منها مكانة وشأنا، فأرسل إليها واسطة، جنيّا يقاربها المكانة والرفعة، ليحاورها وينازعها الحديث، فيأتي بجوابها، ويؤثّر فيها، فيأتي بعدلها، ورحمتها، ورضاها؛ ليكون مجلبة لخيرها، وخصبها، وسببا لرفع غضبها.

فَبَعَثتُ جِنّيًّا لَنا

يَأتي بِرَجعِ جَوابِـــــها

فَمَشى وَلَم يَخشَ

الأَنيسَ فَزارَها وَخَلا بِهــا

فَتَنازَعـــا سِرَّ الحَديثِ

فَأَنكَرَت فَنَزا بِهـــــا

عَضبُ اللِســـــانِ مُتَقَّنٌ

فَطِنٌ لِمــا يُعنى بِهـــا

صَنَعٌ بِلينِ حَديثِهـــا

فَدَنَت عُـرى أَسبابِهـــا

قالَت قَضَيتَ قَضِيَّةً

عَدلاً لَنا يُرضى بِهـــــا[1]

[1] جنيا يقصد رسولا حاذقا ذكيا. ما بالدار من أنيس أي ليس بها أحد، والأنيس كل مأنوس به. تنازعا سر الحديث، أي أنه كان يناقشها في صوت مخفوض حتى لا يسمعها أحد. نزا وثب، أي أنه حاجها فغلبها. عضب اللسان فاعل نزا، يقصد

فسلمى لم تكن تسكن مكانا عاديا كأي امرأة بل كانت في المحراب المخصص للآلهة، وكان الجن يطوف بها، وكذلك قومه بنو ثعلبة طوافون حول قبابها، هذا الطواف، والتقديس يكون لإلهة لها قيمتها، وقدرها، وقدرتها، ولا يمكن بأي حال أن يكون طواف القوم بمحبوبة الأعشى الإنسية!!

إنَّ الثَّعالِبَ بِالضُحـــى

يَلعَبنَ في مِحرابِهـــــا

وَالجِنُّ تَـــعزِفُ حَولَهـــا

كَالحُبشِ في مِحرابِهـــا

وَجَميعُ ثَعلَبَةَ بنِ سَعدٍ

بَـــعدُ حَولَ قِبابِهـــا[1]

كما إن، في الجن، إشارة للنبي سليمان الذي كانت له الجن خادمة، وتأتيه بالأخبار بلمح البصر، وكانت هذه المعتقدات في العصر الجاهلي سائدة، لأن الإنسان في العصر الجاهلي عاش في عصر تنبعث فيه الآلهة والأرواح في كل ما حوله، فآمن بقوى خفية كثيرة، ونسب إليها قدرات هائلة تفوق قدرات البشر، وسلم بسيطرتها على قوى الطبيعة، واختفائها وراء كل حركة أو

صاحبه، والعضب الحاد القاطع، أي أنه رجل شديد اللسان. متقن يتقن الأتي لما يريد. صنع رفيق. كيف ما يؤتى بها، ما مصدرية أي كيف السبيل إلى المجيء إليها.

قيس، ميمون: **ديوان الأعشى الكبير**. ص253

[1] عزفت الجن صوتت وصاحت في الصحاري. المحراب مجلس الناس ومجتمعهم. القباب جمع قبة وهي الخيمة الكبيرة. ثعلبة بن سعد قبيلة، لعلها من ذبيان.

قيس، ميمون: **ديوان الأعشى الكبير**. ص257

ظاهرة تعرض له، يقول شوقي ضيف: " كل هذه المعتقدات والعادات كانت نتيجة الايمان الواسع بالأرواح والقوى الخفية التي تحل في كل ما حولهم من مظاهر الطبيعة...".

وكان من أهم العادات الجاهلية التي ارتبطت بالجن والشياطين التطير، "الذي يبدو على صلة بعقيدة استحالة الأرواح طيورا بعد مفارقتها الأجساد، فقد كان من المتعارف عليه عند كثير من الشعوب القديمة أن بعض فصائل الطيور هي أرواح الموتى بعد مفارقتها الأجساد[1].

- ونجد الأعشى لم يقتحم مكان محبوبته، ولم يشده شغفه إلى محاولة اللقاء بها، كأي حبيبين، بل نجده يظهر الاحترام، والتقدير الكبير لسلمى الإلهة، فلم "يقتحم خيمتها[2]" كما يدّعي الدكتور كريم الوائلي، بل طلب من رسوله الجني -الذي هو قادر وفق الاعتقاد الجاهلي لما يتمتع به الجني من قدرات خارقة، أن يأتي بها إلى حبيبها، أو يذهب بحبيبها إليها-أن يوضح له الكيفية التي يقابل بها الآلهة في مقامها السامي داخل قبتها الحمراء المزينة والمطيبة، حتى يكون لقاء راقيا ساميا يليق بمقامها ويحظى بقبولها، ورضاها.

فَأَرادَها كَيفَ الدُخـــولُ

وَكَيفَ ما يُؤتى لَهـــا

في قُبَّةٍ حَمراءَ زَيَّنَهـــا

إِئتِـلاقُ طِبابهـــا[3]

---

[1] علي، جواد: **المفصل في تاريخ العرب قبل الإسلام**. ج6. ص788.

[2] الوائلي، كريم: **الشعر الجاهلي، قضاياه وظواهره الفنية**. ص80

[3] القبة الخيمة الكبيرة. طبابة السماء وطبابها طرتها المستطيلة.

قيس، ابن مأمون: **ديوان الأعشى الكبير**. ص253

لو كانت عودة الحبيب بعد مشيبه عودة طبيعية لحبيبته الإنسية "وَرَجَعتَ بَعدَ الشَيبِ تَبغي وُدّها بِطِلابِها"، لكانت سلمى بطبيعتها الإنسية كبرت بالعمر، كذلك، لكن سلمى التي عاد إليها ما زالت محتفظة بشبابها صغيرة خالدة لا تشبه الإنسيات، إنما أقرب إلى الإلهة الجميلة المقاومة لعامل الزمن.

إنَّ الفَتاةَ صَغيــــرَةٌ

غِرٌّ فَلا يُسدى بِهــــــا[1]

وإن ما ذهب إليه الدكتور كريم الوائلي في حديثه عن مقصد الأعشى في قصيدته هذه، من "أن المحبوبة التي أراد الأعشى وصلها ما هي إلا فتاة صغيرة مفتون بها الأعشى، وما وصفه لها في القصيدة إلا تمثيل لمغامراته الغراميه المعتادة[2]"، ما هو برأيي إلا قراءة سطحية للقصيدة ظلمت القصيدة، وشاعرها على السواء، فلو كان عشق الأعشى وغزله بفتاة صغيرة إنسية، وعاد إليها بعد المشيب، فهذا يعني أنه أحبها قبل ولادتها، فلا يمكن أن يحب الشاعر فتاة صغيرة ثم تحدث قطيعة بينهما، ويعود إليها بعد هذه الفترة الطويلة التي شاب خلالها وكبر في العمر، وتبقى هي فتاة صغيرة دون أن تتقدم في العمر!!

ثم إن الحديث معها لا يشبه الحديث مع الإنسيات، فها هو الجني الذي أرسله الحبيب، والذي يتمتع بقدرته، وقواه الخارقة، يعترف بتميز سلمى وصعوبتها في التعامل، وقدراتها الخارقة، حتى

---

[1] يقول إن هذا الرسول قد استمع إلى وصيته حين أوصاه بصاحبته. يسدى بها من قولهم. سدى الصبي بالجوز (كنصر) وأسدي به كذلك، أي لعب به. صعابها

المرجع نفسه. ص253

[2] الديك، إحسان: **الأسطورة في الشعر الجاهلي**. ص79-80

أنه ليخاف عودة قطيعتها، وجفاءها مرة أخرى، الذي لن يكون جفاء طبيعيا ونتائجه تلحق العاشق وحده.

وَاِعلَم بِأَنّي لَـــــم أُكَلّم

مِثلَها بِصِعابِهـــــــــا

إِنّي أَخافُ الصُرمَ مِنهـــا[1]

....

بل يترتب عليه دمار كبير يعم القرى، ويهلكها بالعذاب الشديد الذي لا يقوى عليه غير الإلهة، وما تتمتع به من قوى خارقة.

إِنَّ القُرى يَومـــــا سَتَهـ

لِكُ قَبلَ حَقِّ عَذابِهـــــا

وَتَصيرُ بَـــــعدَ عَمـــارَةٍ

يَومًا لِأَمــرِ خَرابِهـــــــا[2]

---

[1] مصدر صاعبه أي كده وأجهده. ضد ساهله. الصرم القطيعة.

قيس، ابن مأمون: **ديوان الأعشى الكبير.** ص253

[2] الحق الأمر المقتضى. وحق الأمر وجب وثبت. عمارها منازل بني حنيفة (أبي بكر بن وائل) في اليمامة.

المصدر نفسه. ص251

- ولا يفوتنا ذكر الغراب ودلالاته، فقد تطيّر الشعراء من صوت الغراب كما تطيّروا من سواده، ويثير صوته فيهم أعلى درجات الاستنفار، وحالات الشؤم، ينذرهم بالمستقبل القادم المشؤوم، فكان لصوت الغراب أثره في الصورة الفنية عند الشعراء، حيث كان نذير شؤم وفراق للأحبة، وصوته شديد الوطأة على روح العربي، يجعله يهرب منه ويتحاشى سماعه لشؤمه وبلائه[1].

ولشحيج الغراب دلالة أقوى وأعظم وقعا، فصوت الغراب عامة نذير شؤم للفراق والبكاء على الميت. وأما النشيج فهو صوت الغراب كبير السن، فالإتيان بصوت "الشحيج[2]" للغراب الذي كبر عمره ارتبطت بكبر الحبيب والشيب الذي لحق به، فهو نذير موته وهلاكه الذي يُخشى من غضب سلمى الإلهة التي لا يشبه غضبها وجفاؤها وجنابها فعلا إنسيا.

إنّي أَخافُ الصُرمَ مِنهـــا

أَو شَحيجَ غُرابِهـــــا[3]

---

[1] عبد العزيز، علي: **الغراب في الشعر الجاهلي**. رسالة ماجستير. جامعة النجاح الوطنية. 2012. ص90.

[2] "شَحيج: صوت الغراب عندما يكبر في العمر

ابن منظور، محمد بن مكرم بن علي، أبو الفضل، جمال الدين: **لسان العرب**. تحقيق: عبد الله علي الكبير وآخرين. القاهرة-مصر: دار المعارف. مادة (شحج)

وينظر: سمارة، سناء: **صوت الغراب**. موضوع. https://mawdoo3.com 12 ديسمبر 2021. ساعة الدخول 4:52 بتاريخ 2020/11/9

[3] الصرم القطيعة. الشحيح نعيق الغراب.

قيس، مأمون: **ديوان الأعشى الكبير**. ص253

والغراب كما تشير بعض الأساطير ليس سوى لعنة الآلهة، وليست كورونيس إلا غرابا مسخا من غضب الإلهة منيرفا، وما صوت الغراب الخشن إلا من العطش الذي لحق به من غضب الإله أبولو[1].

وقد تشاءمت العرب من الغراب، فهو ينوح وينعق، ويرتد تشاؤم الناس منه إلى المهمة التي قام بها في قصة قابيل وهابيل، لأنها مقرونة بجريمة بشعة، وذكرت الأساطير أن الغراب كان في وقت ما أبيض اللون ثم تحول إلى أسود لشقائه. ولعل هذا اللون الأسود الذي تميز به الغراب عن بقية الطيور كان أحد الأسباب التي ولدت هذا التشاؤم، باعتباره أداة طقسية موروثة من ظل الدين القديم، " وتفسير الأساطير السامية سواد الغراب وارتباطه بالتشاؤم وعدم الثقة، بأن نوحا أرسله – وهو في السفينة بعد الطوفان–يبحث عن الأرض، فترك المهمة الموكلة إليه، وأخذ يأكل جيفة وجدها، وهنا حطت عليه لعنة سيدنا نوح[2].

والعامة تضرب المثل فتقول ما هو إلا غراب نوح، وتلتقي أسطورة غراب نوح بأسطورة غراب أبولو في التراث اليوناني، فقد أرسل أبوللو الغراب؛ ليبحث عن الماء، فأبطأ فحلت عليه اللعنة الأبدية[3]"

تعددت الروايات التي أُلصقت بهذا الطائر، إلا أن جميعها –على حد علمي–تشير إلى غضب الآلهة.

- قد ينقطع رجاء الإنسان وطلبه وأمله من إنسان آخر من الطبقة الإنسية ذاتها، بيد أن رجاءه وأمله في خير وعطاء الآلهة لا ينقطع، لذلك نجد الشاعر يصر على التقرب من سلمى الإلهة والظفر بخيرها وعطائها وخصبها، فنجد غزله بها ووصفه لها لا يشبه غزلا بامرأة إنسية، وإنما راح يبالغ في وصف شدة لعابها فهي الإلهة

---

[1] ساكس، بوريا: **الغراب التاريخ الطبيعي والثقافي**. ترجمة: إيزميرالدا حميدان. ط1. أبو ظبي: المجمع الثقافي. كلمة. 2010م. ص57

[2] العنتيل، فوزي: **الفلكلور، ما هو**. القاهرة– مصر: دار المعارف. 1965م. ص113

[3] الديك، إحسان: ***صدى عشتار في الشعر الجاهلي***. مجلة جامعة النجاح الوطنية 15. 2001. ص116

مانحة الغيث مولدة الخصب والنماء، فهي رمزا لعشتار في وهبها للماء والحياة في الديانات القديمة.

حَتّى إذا مـــــا اِستَرسَلَت

مِن شِدَّةٍ لِلِعابِهــــــا[1]

والآلهة إن رضيت على البشر أغدقت عليهم بخيرها وعطائها وخصبها الذي لا حدود له، وها نحن نرى سلمى تمنح الخير لكل من يتوجه إليها، فأينما ولّيتها وجدت خيرها وعطاءها.

قَسَّمتُهـــــا قِســـــمَينِ

كُلَّ مُوَجَّهٍ يُرمى بِهـــــا[2]

ثم إنّ هذه الأبيات التي تحتوي قصته الجريئة، وحيلته الحذقة مع محبوبته، تحت الحراسة المشددة، وبعد ابتعاث رسول بينه وبينها، وتصوير دخوله دون خشية أو هيبة، ثم في لقطات سريعة وإيقاع سريع متلاحق يصور ما قام به، وهو يترقب في حذر انتباه الرقيب لئلا ينقضي

---

[1] استرسل إليه انبسط إليه واستأنس. لعاب مصدر لاعب.

قيس، مأمون: **ديوان الأعشى الكبير**. ص253

[2] موجه مصدر ميمي من وجه، أي أنه يرمى بها كل وجه ويصرفها كيفما أراد.

المصدر نفسه. ص255

الود والصفاء، لتشير إلى أحداث خارجة عن الواقع والعقل، بل هي ترقى أن تكون مع علوية منزهة، محفوفة بالمخاطر لقداستها، إذ يقول:

ولـــــقد غبنت الكاعبات

أحظ من تخبابهـــــــــا

إلى قوله:

قسمتها قسمين كـــــلّ

موجه يرمي بهــــــــا[1]

- "الآلهة تعشق الروائح العطرية". اعتبر حرق البخور في المعتقدات القديمة جزءا مهما في طقوس العبادة والتقرب إلى الآلهة، فكانت البخور تحرق يوميا في معابد الآلهة وعلى المذابح الخاصة بها. وفي الأزمنة القديمة كان البخور سلعة مرغوبة ثمينة، وكان حرق البخور جزءا بارزا من المهمات الكهنوتية في المسكن.

ويُذكر أن العبرانيين اعتبروا حرق البخور عمل عبادة أو تقدمة مقدسة، حتى أنه لا يذكر أنهم استعملوه لأي غرض آخر. فقد أوصى يهوه بمزج أربعة مكونات وحرقها في المسكن، لما للبخور من قداسة في حرقه، اقتصرت على العبادة.[2]

---

[1] غبنه في البيع والشراء خدعه وغلبه.

المصدر نفسه. ص251

[2] **حرق البخور — هل له مكان في العبادة الحقة؟** 1حزيران 2003م.

https://wol.jw.org/ar/wol/d/r39/lp- a/2003406#h=8 ساعة الدخول 2:48. بتاريخ 11:11:2020

ولذلك نجد الشاعر يستمر في وصف سلمى الإلهة والتغزل بها بما يليق بمقامها، فيصف شدة بياضها، وما يقدم لها من طقوس حرق البخور والزعفران التي تعشقها الآلهة، وتقربهم منها. فالمسك هو مظهر من المظاهر المقدسة المرتبطة بالمعابد الإلهية، والمناسك الدينية، ويمكننا ملاحظة ارتباط المرأة بالطيب والمسك، فهي لا تتطيب فقط وإنما تصبه صبا ليدل على امرأة ذات ترف وبذخ.

فَثَنَيتُ جيـــدَ غَـــريرَةٍ

وَلَمَستُ بَطنَ حِقابِهـــا

كَالحُقَّـــــةِ الصَفـراءِ

صاكَ عَبيرُها بِمَلابِهـــا[1]

- لم يعاقر الأعشى الخمر ليُسلي همه كأي عاشق وقف على الأطلال، أو ذكر مآثر حبيبته وتغزل بها، بل نجده يقيم طقوسا لشرب الخمر في حضرة سلمى الإلهة، ترقى برقيها، ويطاف بها، مصاحبة لطقوس من السحر والتمائم.

إن الحضارات القديمة كلها من الصينية إلى الفرعونية إلى السومرية إلى الإغريقية عرفت الخمرة، وشربتها أولا بشكلها البدائي وأسموها البيرة، وهي التي تخمر بالماء والخبز، قبل أن تتطور إلى النبيذ الذي سميت الخمرة باسمه.[2] وتذكر الميثولوجية الإغريقية أن ديونيسوس أو

---

[1] الغريرة الساذجة قليلة التجربة. الحقاب تتخذه المرأة لتعلق به معاليق الحلي وتشده إلى وسطها، وقد يقصد به هنا سراويله.

قيس، مأمون: **ديوان الأعشى الكبير**. ص255

[2] شراب الآلهة الموقع الالكتروني https://www.dotmsr.com/News. ساعة الدخول 4:10 بتاريخ 2020/11/11

باخوس هو أول من قدم الخمر لمدينة أثينا، فقتله أبناؤها عندما شعروا بتأثير الخمر عليهم وظنوا أنه سممهم.[1]

كانت عشتار أو الزهرة ربة للخمرة عند الجاهليين، فقد كانت الخمرة شراب الآلهة المقدس، وتقدم قرابين لها، وكانت دم الإله، تشرب في أعياده المقدسة. "فتذبح الخمر كما يذبح الحيوان قربانا للآلهة، ورائحتها كالمسك، ذلك الطيب المتخذ من دم الغزال[2]"، ونجد في أشعار الجاهليين آثارا واضحة تدل على ارتباط الخمر بالزهرة، عشتار، وما أسقط على عشتار من رموز كثيرة في أشعار العرب، على نحو: هند وسمية وسلمى .... الخ[3]

وتوظيف الشاعر للشارب والمشروب (ندمائه وقومه) في شرب الخمر، والجري والطواف بنمارق الخمر، واستحضاره لصاحب الصوت الهزج ذي التمائم المعلقة، وما تحمله التميمة من دلالة لدى الإنسان القديم والإنسان الجاهلي، فهي "تدفع الأقدار وتحمي من المخاطر[4]"، بل هي، "حسب أسطورة أوزيريس، عين الإله حورس القوية التي تمنح الحياة[5]"، ونمت هذه المعتقدات وصاحبت الإنسان الجاهلي، لتحميه من الأرواح الشريرة وكذلك من عين الإنسان الضارة، وجرّاء ذلك نجده يرتقي في تعامله مع الآلهة وتقربه منها.

وَإذا لَنــــا ناموَرَةٌ

مَرفوعَةٌ لِشَرابِـهـــا

وَنَظَلُّ تَجــــري بَيْنَنا

---

[1] السيد، مها محمد: **الآلهة والأساطير اليونانية**. جامعة طنطا. مكتبة المهتدين الإسلامية. بدون سنة نشر. ص78

[2] ناجح، محمد: **الإبداع والتلقي في الشعر الجاهلي**. ص109

[3] ينظر: مصطفى، ناصف: **قراءة ثانية لشعرنا القديم**. نشر كلية الآداب. الجامعة الليبية. د. ت ص151.

[4] علي، جواد: **المفصل في تاريخ العرب قبل الإسلام**. ص746

[5] الحياة في العالم الآخر. سعة الدخول:11:83 بتاريخ: 2022/4/5
http://antiquities.bibalex.org/Collection/Detail.aspx?collection=39&a=1071&lang=ar

وَمُقَدَّمٌ يَسـقي بِهـا

هَزِجٌ عَلَيـهِ التَومَتانِ

إذا نَشاءُ عَدا بِهـا[1]

- وما يؤكد الأبعاد الأسطورية التي نسجها الأعشى في قصيدته، عن مهارة شعرية ونبوغٍ، أبعد بكثير من مجرد غزل إنسي عادي، عودته للحديث عن العذاب والهلاك الذي تلحقه الآلهة إذا غضبت، ولكن هذه المرة لم يتحدث عن غضب سلمى وغيابها (غياب عشتار) وما ألحقته من عذاب وهلاك بالقرى، بل توسع في حديثه ليطال أحد أفراد عائلة سلمى "عشتار"، وهي الشمس، التي سلطت نارها الحارقة على الرياض المثمرة وحولتها أرض قاحلة، ومحقت ثمارها، فأضحى خيرها سرابا، لشدة الحرارة، التي قضت على الخصب والخضار والخير، بل نجدها أحالت التراب إلى جمر.

وَوَديقَـةٍ شَهبـاءَ

رُدِّيَ أكمُها بِسَرابِهـا

رَكَدَت عَلَيها يَومَهـا

شَمسٌ بِحَرِّ شِهابِهـا

[1] الناموره صومعة الراهب، والنامور وعاء للشراب، مرفوعة أي رفيعة مقربة مهيئة. تظل تجري أي الخمر؛ الضمير يعود عليها لأنها مفهومة مما قبلها وما بعدها. المقدم الذي وضع على فمه الفدام؛ وهي خرقة تشدها العجم والمجوس عند السقي. هزج (كطرب) ترنم وأنشد وطرب في صوته. والهزج كذلك الخفة وسرعة رفع القوائم ووضعها. التومة (بضم التاء) حبة من فضة شبه الدرة توضع في الأذن كالقرط.

قيس، ميمون: **ديوان الأعشى الكبير**. ص255

حَتّى إذا مـــا أوقِدَت

فَالجَمرُ مِثلُ تُرابِهـــــــا[1]

كان للناقة مكانة عالية في نفوس العرب الجاهليين، فقد جعلها الشعراء مدار وصفهم تارة ومدار فخرهم تارة أخرى، ولما كان التواصل الرمزي بين المرء والحيوان، فقد تم التواصل الرمزي والتعبيري بين المرء والناقة، وأضحى كل منهما يفهم لغة صاحبه، يتناجيا ويفضي أحدهما للآخر بما يعتلج في نفسه[2].

وفي ظل محاولات الأعشى لاسترضاء سلمى، واستبدال خيرها وعطائها وخصبها بغضبها وصرمها وجنابها، نجده يلجأ إلى ناقته، فيفرغ لها ما أثقله من جفاء سلمى وتعنتها، بالترحال المستمر برفقتها إلى أن أصابها المشقة والجهد، الذي حذا بها إلى أن تئن وتشكو، وكأنها قد أصابها الهذيان، فبدت مثل إنسان قد أصيب بـ"حمّى خيبر[3]"، ولزمته طويلاً، فإذا ما ألمّت به كثر أنينه وتعالت شكواه. ولا أجد هذا الأنين إلا أنين الأعشى وألمه وشكواه، وخاصة عند رؤية

[1] الوديقة شدة الحر في الهاجرة، والمقصود هنا الصحراء الملتهبة في وقت الهاجرة. شهباء مجدبة لا نبات فيها، والشهبة بياض خلطه سواد خفيف، وسميت السنة المجدبة شهباء لأن النبات يحف فيها ويشهب. أكم جمع أكمة (بالتحريك) وهي التل والرابية رديت هذه التلال بالسراب كأنها ألبسته وجللت به. ركدت الشمس سكنت وثبتت فوق الرؤوس حين يقوم قائم الظهيرة. الشهاب شعلة من نار ساطعة. الجمر مثل ترابها، تشبيه مقلوب، وهو يقصد به المبالغة، والحقيقة أن ترابها مثل الجمر.

قيس، ميمون: **ديوان الأعشى الكبير**. ص255

[2] **سفينة الصحراء في عيون الشعراء**. ساعة الدخول 4:10 بتاريخ 2020/11/14

https://meo.news/en/node/344524

[3] اشتهرت "خيبر" وعرفت بالحمى. حتى نسبت إليها، فقيل لها حمى" خيبرية". وكان من أساطيرهم إذ ذاك، أن من أراد دخولها فعليه بالتعشير ليتخلص منها. وكان من أوبداهم فيما يزعمون أن الرجل إذا ورد أرض وباء ووضع يده خلف أذنه، فنهق عشر نهقات نهيق الحمار، ثم دخلها أمن من الوباء.

الموسوعة الشاملة http://islamport.com/w/tkh/Web/2300/3948.htm ساعة الدخول 4:22 بتاريخ 2020/11/14

القوم يستمرون في طقوسهم، وطوافهم، وتبجيلهم للآلهة، ولا استجابة منها، وفي أثناء هذه الطقوس الدينية كان الأعشى يرجو عودتها، بيد أن غيابها لم يكن مثل غياب البشر، غيابها لا رجعة له إن هي فارقته، ولن تعود إليه، فهي كائن متعالٍ، ومبدأ عظيم، وقوة خفية، وربة الخصب.

كَلِّفتُ عانِسَةً أَمـــونًا

في نَشاطِ هِبابِهـــــا

أَكلَلتُها بَـــعدَ المِراحِ

فَآلَ مِن أَصلابِهـــا

وَكَأَنَّهـــا مَحمومُ خَيبَرَ

بَلَّ مِن أَوصابِهـــــا

وَرَدَت عَلــى سَعدِ بنِ

قَيسٍ ناقَتي وَلِما بِهـــا

فَإِذا عَبيـــدٌ عُكَّـفٌ

مُسَكٌ عَلى أَنصابِهـــــا

وَجَميعُ ثَعلَبَةَ بنِ سَعدٍ

بَعدُ حَولَ قِبابِهـــا

مِن شُربِها المُزّاءَ ما

اِستَبطَنتُ مِن إِشرابِها

وَعَلِمتُ أَنَّ اللَهَ عَمدًا

حَسَّها وَأَرى بِهـــــــا[1]

وفي الحقيقة فإن الأبيات الأخيرة في قصيدة الأعشى تحمل دلالات كثيرة، فهل أراد الأعشى أن ينقل هما جمعيا، يغشيه ميراث أسطوري، حمل في طياته القتل والدم، فكان لذلك علاقة بصورة الحروب المستمرة بين القبائل في ذاك الوقت، واستغاثة الأعشى الشاعر الجاهلي الوثني، باللاشعور الجمعي المخزن في الذاكرة، لقوى خارقة تستطيع أن توقف الدم والقتل والدمار الذي لحق بهم جرّاء ذلك، ولا يغيب عن أذهاننا حرب البسوس، وذي قار وغيرها من الحروب التي انشغل بها العرب، وكان الشعر والغزل والهوى ما يخفف وطأة هذا الهم الجمعي القبلي، ومن هنا نستطيع أن نعي وندرك توجه الأعشى في قصائده إلى هوى وغزل أسطوري كبير قادر على أن يفرغ ما أثقل صدر الأعشى وقومه.

وعندما وجد الأعشى القوم ما زالوا يتضرعون إلى الآلهة كي ترأف بهم، وهم مستمرون في طقوسهم التعبدية التي تقربهم إلى الآلهة وتسترضيها، أيقن عندها أن ما حل بالقوم من عذاب هو الحق هو الإرادة العليا ليشمت أعداءها بها.

---

[1] عانسة ناقة صلبة. أمون يؤمن عثارها. هبابها نشاطها. أكللتها اعبتها. المراح النشاط. آل نقص وضمر. أصلاب جمع صلب (بضم فسكون) وهو عظم في الظهر ذو فقار من لدن الكاهل إلى الذنب، كثيرة الوباء، تنتشر فيها الحمى. بل من مرضه وأبل واستبل أفاق. أوصاب جمع وصب (بالتحريك) وهو الوجع والتعب. لما بها من التعب المضني، تقول هو لما به إذا كان هالكا. عكف جمع عاكف وهو المقيم والمحبوس. مسك به (كنصر وضرب) أخذ به وتعلق واحتبس واعتصم. الأنصاب جمع نصب (بضم فسكون) وهو كل ما عبد من دون الله. القباب جمع قبة وهي الخيمة الكبيرة. ثعلبة بن سعد قبيلة، لعلها من ذبيان. المزاء الخمر. الإشراب (بكسر الهمزة) مصدر أشربه أي جعله يشرب. وأشرب الرجل عطش (ضد) وأشرب فلان كذب عليه. وقد تكون الأشراب (بفتح الهمزة) جمع شرب (بكسر فسكون) وهو الماء المشروب والمورد ووقت الشرب. والمعنى الإجمالي للبيت. حسها أهانها واستأصلها. اري بها أي جعل الناس يرون بها ذلك.

قيس، ميمون: **ديوان الاعشى الكبير**. ص257

وقد يأخذنا القول إلى أن في الأبيات دلالة تذهب إلى حالة شعورية فردية خاصة بالأعشى، عندما أراد أن يدخل الإسلام في آخر حياته، إلا أنه تراجع بسبب عشقه للخمر التي لا يستطيع مفارقتها، وينهى عنها دين محمد، فذهب باتجاه الجماعة، وما تحمله من فكر محله رواية تاريخية في الأذهان، فمات دون الإسلام، فكانت إرادة الله في هلاكه بسببها (الخمر).

الخاتمة

وهكذا فقد توصلت الباحثة في نهاية بحثها إلى هذه النتائج:

- الخصوبة هي المكوّن الفكري للإنسان الجاهلي في نظرته للمرأة، وهي الرؤية الجوهرية لصورتها، منها كان المنبع وإليها كان التصوير، فانسجمت هذه الرؤية مع رؤية الإنسان القديم لها.

- المرأة هي المكون الأساس للقصيدة الجاهلية، وهي الملهم الأكبر في تكوين أغراض القصيدة وصورها، ويتجسد هذا المكون في عملية إبداع خلاقة، قد تكون واعية، وقد يكون السواد الأعظم فيها لا شعوريا، غير واعية، خارجة عن سيطرة المبدع، ترتبط بالأحلام، والرغبات المكبوتة، والذكريات الماضية، التي استقرت في اللاوعي، دون أن يستطيع العقل المفكر الوصول إليها.

- أهم ما يميز الأسطورة، ارتباطها بالطبيعة وتحديد علاقة الإنسان بالمقدس، سواء أكان بطلا أو إلهًا، وتوضح الكيفية التي تشكل فيها العالم، والكيفية التي ظهرت فيها الأشياء للوجود، فتقوم بتجسيد القوى غير المفهومة في شكل آلهة، أو أنصاف آلهة، أو كائنات خارقة للعادة.

- عرف الإنسان الأول الأسطورة بمفهوم يختلف كل الاختلاف عن الأسطورة التي عرفها بعد أن نما، واشتد عوده. فقد كانت الأسطورة في طورها الأول جزءا من طقوس العبادة داخل المعبد، أو أمام المذبح، أو قبالة سيل جارف، أو على حافة قفر يحتاج إلى الاستمرار ليخضر. وأما الأسطورة في طورها الثاني، والتي استخدمت للتعليل، وللرمز، ثم للإشادة ببعض القادة، كانت فلسفة، وبيانًا، وقوة اجتماعية، ترصد لكل ما يسعى وراءه علماء الأنثروبولوجيا من تقييم لحضارات ترجع إلى نحو مائتي قرن قبل الميلاد.

- استقى الأعشى شعره من الأصول العامة، والتي شكلت مجتمعة أسس الموروث في اللاشعور الجمعي، واستوعبت قصائده الديانات، والعبادات، والمعتقدات القديمة، فانصبت على التقرب إلى الإله الذي يرجى رضاه ويخاف غضبه، مهما كان هذا الإله صنما، أو قمرا، أو ربا، وقد كان الدين مؤثرا مهما في شعره استطاع توظيفه بما احتواه من الآراء والأفكار، والمعتقدات التي كانت غائرة فيما يسمى باللاشعور الجمعي لأبناء عصره.

- المرأة (سلمى) في قصيدة الأعشى، تنحى منحى تطوريًا، إنسية واقعية...إلهة أسطورية.

- تعدد الإشارات الأسطورية التي كشفت عن أسطورية سلمى محبوبة الأعشى في (إلهة)، علوية، معبودة، منزهة عن الإنسي، ومن هذه الإشارات:

* تعالقت قصة الأعشى وسلمى، بقصة أجا وسلمى الأسطورية المأساوية.

* العذاب والهلاك الذي ألحقته سلمى بقبيلة الشاعر، والقرى من حولها، جدب وقحط ودار وهلاك.

* أن سلمى ليست من لحم ودم بل كانت من زجاج، وفي هذا إشارة إلى أسطوريتها.

* عودة الشاعر إلى محبوبته كهلا يغزو الشيب رأسه، في حين أن سلمى ما زالت فتاة شابة لم تكبر ولم تتبدل.

* مكوث سلمى في داخل القباب، وممارسة طقوس العبادة معها، وتبجيلها، من بخور وطواف من حولها، وغير ذلك.

* الغراب الأشيب وشحيجه وعلاقته بسلمى.

* توظيف الشاعر للخمر، والجري والطواف بنمارقها، حول الآلهة، وشرابها.

* استحضار الشاعر للتمائم المعلقة، وعلاقتها بسلمى الإلهة، بما تحمله التميمة من دلالة لدى الإنسان القديم والإنسان الجاهلي.

* الصور الفنية التي وظفها الشاعر في سلمى، وجسدها ومحيطها، خدمت الشكل الفني للأسطورة المتصلة بالإلهة وليس بإنسية.

المصادر والمراجع

- إبراهيم، محمد حمدي: **نظريات الدراما الإغريقية.** ط1. الشركة المصرية العالمية للنشر. 1994م.

- ابن منظور، محمد بن مكرم بن علي، أبو الفضل، جمال الدين: **لسان العرب.** تحقيق: عبد الله علي الكبير وآخرين. القاهرة-مصر: دار المعارف.

- أحمد، بن بغداد: **شعرية المكان في الشعر الجاهلي.** رسالة ماجستير منشورة. 2016م.

- ادزارد: **قاموس الآلهة والأساطير.** الجزء الأول. دار الشرق العربي.

- الباشا، حسن ومحمد السهلي: **المعتقدات الشعبية في التراث العربي،** 1991م.

- البطل، علي: **الرمز الأسطوري في شعر بدر شاكر السياب،** ط1، الكويت، شركة الربيعان للنشر والتوزيع، 1982م.

- البطل، علي: **الصورة في الشعر العربي.** ط2. الأندلس للطباعة والنشر. 1981م.

- حسين، فضيلة: **فكرة الأسطورة وكتابة التاريخ.** عمان: دار اليازوري للنشر. 2009م.

- خليفة، أحمد: **الأسطورة في الشعر الأردني الحديث.** رسالة ماجستير. الأردن: الجامعة الأردنية. 1996م.

- خليل، لؤي: ***العجائبي والأسطورة دراسة في التباس المفهوم،*** مجلة الآداب، 9، 2007م.

- الديك، إحسان: **الأسطورة في الشعر الجاهلي.** مجمع القاسمي للغة العربية. 2016م.

- الديك، إحسان: **صدى عشتار في الشعر الجاهلي.** مجلة جامعة النجاح الوطنية 15. 2001م.

- الديك، إحسان: **الأسطورة في فكر الجاهلي وأدبه**. مجمع القاسمي للغة العربية. 2016م.

- الديك، إحسان: **الآخر وأثره في شعر الأعشى الكبير، ميمون بن قيس**. نابلس: جامعة النجاح الوطنية.

- رايتر، وليم: **الأسطورة والأدب**. ترجمة: صبار سعدون السعدون. بغداد: دار الشؤون الثقافية العامة.

- رشاد، أحمد: **شرح ديوان حاتم الطائي**. ط3. بيروت–لبنان: دار الكتب العلمية. 2002م.

- رومية، وهب: **توظيف الأسطورة في الشعر الجاهلي**. مجلة التراث العربي. العدد 93-94. 1 يناير 2004.

- ريد، هربرت: **الفن والمجتمع**. ترجمة: فتح الباب عبد الحليم. مطبعة شباب محمد (ص). بدون سنة نشر.

- زكي، أحمد كمال: **الأساطير**. القاهرة: دار الكاتب العربي للطباعة والنشر. 1967م.

- ساكس، بوريا: **الغراب التاريخ الطبيعي والثقافي**. ترجمة: إيزميرالدا حميدان. ط1. أبو ظبي: المجمع الثقافي. كلمة. 2010م.

- السواح، فراس: **مغامرة العقل الأول. ط1**. بيروت: دار الكلمة للنشر. 1980م.

- السواح، فراس: **لغز عشتار، الألوهة المؤنثة وأصل الدين والأسطورة**. ط8. دمشق-سورية: دار علاء الدين للنشر والتوزيع. 2002م.

- السيد، مها محمد: **الآلهة والأساطير اليونانية**. جامعة طنطا. مكتبة المهتدين الإسلامية. بدون سنة نشر.

- الشّنقيطي، أحمد بن أمين: **شرح المعلقات العشر وأخبار شعرائها**. ط4. بيروت-لبنان: دار الكتب العلمية. 2006م.

- عباس، فيصل: **الفلسفة والإنسان - جدليّة العلاقة بين الإنسان والحضارة، ط1،** بيروت، دار الفكر، 1996م

- عبد الرحمن، نصرت: **الصورة الفنية في الشعر الجاهلي، في ضوء النقد الحديث.** عمان-الأردن: مكتبة الأقصى. 1982م

- عبد العزيز، علي: **الغراب في الشعر الجاهلي.** رسالة ماجستير. جامعة النجاح الوطنية. 2012م.

- عبد العزيز، كارم محمود: **أساطير العالم القديم.** ط1. الجيزة: مكتبة النافذة. 2007م.

- عبود، حنا: **النظرية الأدبية الحديثة والنقد الأسطوري.** منشورات اتحاد الكتاب. 1999م.

- علي، جواد: **المفصل في تاريخ العرب قبل الإسلام.** ط2. جامعة بغداد. ج6. 1993م.

- علي، فاضل عبد الواجد: **عشتار ومأساة تموز.** العراق: منشورات وزارة الإعلام. 1973م.

- العنتيل، فوزي: **الفلكلور، ما هو.** القاهرة-مصر: دار المعارف. 1965م.

- عياد، شكري: **البطل في الأدب والأساطير. القاهرة:** دار المعرفة. 1968م.

- قادري، حبيبة: **الأبعاد الأسطورية في شعر الأعشى.** رسالة ماجستير. 2015.

- القمني، سيد: **الأسطورة والتراث.** ط1. القاهرة: سينا للنشر والتوزيع. 1992م.

- قميحة، مفيد: **شرح المعلقات العشر.** الطبعة الأخيرة. بيروت: دار ومكتبة الهلال. 2003م.

- قيس، ميمون: **ديوان الأعشى الكبير.** شرح وتحقيق: د. محمد حسين. المطبعة النموذجية. 1977م.

- كامبل، جوزيف: **الأساطير والأحلام والدين**. ترجمة: حسن صقر. ميساء صقر. ط1. دمشق: دار الكلمة. 2001م. ص150.

- كريمر، صموئيل نوح: **أساطير العالم القديم**. ترجمة: أحمد عبد الحميد يوسف. القاهرة: الهيئة المصرية العامة للكتاب. 1974م.

- مصطفى، ناصف: **قراءة ثانية لشعرنا القديم**. نشر كلية الآداب. الجامعة الليبية.

- المطلبي، عبد الجبار: **محاولة لتفسير مظهر من مظاهر القصيدة الجاهلية، قصة ثور الوحش وتفسير وجودها في القصيدة الجاهلية**. بغداد. العدد 12. 1966م.

- الموسوي. أنور غني: **ملحمة جلجامش**. العراق. بابل. 2015

- ناجح، محمد: **الإبداع والتلقي في الشعر الجاهلي**. رسالة ماجستير. جامعة النجاح الوطنية. 2004م.

- هورتيك، لويس: **الفن والأدب**. ترجمة: بدر الدين الرفاعي. ط1. دمشق: 1965م.

- الوائلي، كريم: **الشعر الجاهلي، قضاياه وظواهره الفنية**. ط1. نور للنشر. 2018م.

المواقع الالكترونية:

- **سمارة، سناء: صوت الغراب. موضوع.** https://mawdoo3.com

- زيمرمان، ليزا: **قصة أجا وسلمى عن المأساة والحب**. روح السعودية. https://www.visitsaudi.com/ar/do/culture/aja- and- salma- s- tale- of- tragedy- and- love

- الكنعانيون. https://sites.google.com/site/alwantef/home/zawyte- altarykh/altarykh- alqdym/alsamywn- 1

سماح خليفة (سماح صدقي محمد فقهاء):

كاتبة وشاعرة وروائية وباحثة وناقدة ومربية وأم، من مدينة طوباس سكان عجة، طالبة ماجستير في جامعة النجاح، حاصلة على بكالوريوس في الأدب العربية من جامعة النجاح/نابلس، تأهيل تربوي من جامعة القدس المفتوحة/جنين، إجازة في تجويد القرآن وترتيله من أوقاف نابلس.

إصداراتها:

– دليل "التعلم النشط" في قواعد اللغة العربية للمرحلة الوسطى 2014

– ثلاثة قصص للأطفال عن جمعية الزيزفونة (أمل والبحر، أمل والاقصى، عودة أبي) 2016

– ديوان (أبجديات أنثى حائرة) عن دار كل شيء حيفا 2017

– رواية "نطفة سوداء في رحم أبيض" عن دار كل شيء حيفا2019

– دراسات نقدية، نشرت لدى دار النشر نور(Noor Publishing):

* أسطرة الأسطورة في شعر آمال رضوان، ديوان "أُدَمِوزُكِ وتَتعشتَرين" نموذجًا.

* سؤال الهوية وتشظّي الذّات بين الأنا والآخر، مقاربة تطبيقية في رواية: جنة لم تسقط تفاحتها، لثورة حوامدة.

* صفقة القرن من البدايات إلى المآلات، دراسة نقدية في ضوء الاستشراق.

قيد النشر:

– مخطوطة لليافعين بعنوان (طوباسيوز) (يوميات طفلة الانتفاضة)

– مخطوطة قصة للأطفال بعنوان "شام وشموس".

– الأسطورة الأندلسيّة بين الحبّ والحرب، ولّادة بنت المستكفي وابن زيدون.

- قصيدة الأعشى "أوصلت صرم الحبل من سلمى لطول غيابها"، دراسة تحليلية نقدية وفق المنهج الأسطوري

- رسالة ماجستير: نسق الفحل في إعادة خلق الأنثى الثقافية، رواية إبراهيم نصر الله "حرب الكلب الثانية" نموذجًا.

لها العديد من المشاركات في صحف ومجلات ورقية والكترونية.

الخبرات الأكاديمية والعملية:

-عملت مدرسة لغة عربية في مديرية التربية والتعليم قباطية ومازالت.

- عملت منتدبة كرئيس قسم الآداب في مكتب وزارة الثقافة/ جنين 2017-2018.

-عملت مدرب مشارك في مشروع "نحو أدب فلسطيني وطني" ضمن نشاطات جمعية الزيزفونة لتشجيع القراءة 2016

-مقدمة برامج (لقاء مع أسير) في قناة الأسير الفضائية 2012

- مدربة في تحفيظ القرآن الكريم وتجويده لدى أوقاف نابلس2002

نشاطات أخرى:

- عضو لجنة مبحث اللغة العربية، مديرية التربية والتعليم قباطية.

- مسؤولة تحدي القراءة في مدرسة بنات عجة الثانوية/مديرية قباطية 2021-2022

- منشئة "**قناة العربية التعليمية**" على اليوتيوب، ومعدة برامج ثقافية من تقديم الطالبات: على "مائدة الثقافة"، "برفقة كتاب"، "على متن القصيد".

- شاركت بقصيدة "**فلسطين دار العلا والصمود**" في كورال في الاحتفال المركزي ليوم اللغة العربية في فلسطين، 2019

- أطلقت عام 2014-2015 مبادرة "**المبتكر الصغير في تعلم اللغة العربية**"، إلهام فلسطين، وفازت في المرحلة الأولى من التقييم.

- شاركت في إعداد منهاج لغتنا الجميلة للصف الخامس 2017

- عضو في اتحاد الكتاب والأدباء الفلسطينيين

- عضو في مجلس الكتاب والأدباء والمثقفين العرب فرع فلسطين

- عضو في اتحاد المعلمين الفلسطينيين

- عضو مؤسس في مبادرة "معا نحو الشمس"

- عضو مؤسس في رابطة "أبعاد ثقافية"

- شاركت في العديد من المهرجانات والأمسيات الشعرية

الدورات والورش:

- دورة تصميم التعليم 2021 (زووم)/م.أمل أبو عون

- دورة في "التخطيط الشخصي الاستراتيجي " المدرب. د.عصام جمعة/ أكاديمية كود المستقبل، 2020

- دورة في "إعداد المرأة القيادية" المدرب د.عصام جمعة/أكاديمية سفراء التنمية العالمية، 2020

- دورة في "قوة الإرادة" المدرب د.عصام جمعة/أكاديمية سفراء التنمية العالمية، 2020

- المشاركة في المؤتمر العلمي: (فرط الحركة وتشتت الانتباه عند الأطفال، والعناد عند الأطفال/مركز مدارات للتنمية المجتمعية. 2019.

- دورة في مهارات القيادة الحديثة/ المدرب د.عصام جمعة/ أكاديمية سفراء التنمية العالمية. 2018

- دورة في أدب أطفال/ المؤسسة السويدية ديكونيا، 2003

- دورة في علم الطاقة البشرية

دورات عن طريق مديرية التربية والتعليم:

- دورة في الحد من آثار العنف.

- دورة في المنهاج الفلسطيني.

- دورة في أساليب ومحتوى النحو والصرف.

- دورة في التعليم العلاجي التمكيني.

- دورة في توظيف الحاسوب في التعليم (انتل 7).

- دورة في التعرف على أساليب التعلم النشط.

- دورة في التعليم المساند.

- دورة في تكنولوجيا التربية والتعليم.

- دورة في التعلم النشط لغة عربية.

- دورة في المنهاج الجديد الفلسطيني للصف الثالث.

- دورة في العنقود وحدة تطوير.

- دورة في التعامل مع بطئ التعلم .

- دورة في انعاش القلب/تعلم نشط.